필승합격 일본어능력시험
N2단어장 2500

아크아카데미

주제별 단어 · 알기 쉬운 예문 · 온라인 모의시험

머리말

일본어를 학습하는 사람들의 동기와 목적은 취미, 자기 계발, 유학, 취업 등으로 다양합니다.

각자 다른 동기와 목적을 가지고 일본어를 배우고 있는 가운데 많은 분들이 시간과 노력을 들여 공부한 자신의 일본어 실력을 검증하기 위해 일본어능력시험 (JLPT)에 응시하고 있습니다.

JLPT는 '문자/어휘', '문법', '독해', '청해'의 네 개 파트로 구성되어 있습니다. 그 중에서 '문자/어휘'는 '단어'라고 하며 일본어 학습의 가장 기본이 된다고 할 수 있습니다.

다른 파트들도 살펴보자면, '단어'를 나열하여 문장을 만드는 방식이 '문법'이며 '단어'와 '문법'으로 구성된 문장에 대해 이해하는 것이 '독해'입니다. '청해'는 이 '독해' 문장을 청각으로 듣고 이해하는 것이라 할 수 있습니다.

그렇다면 '단어'는 일본어 학습에서 가장 선행되어야 할 중요한 요소라고 할 수 있습니다.

JLPT의 '문자/어휘' 파트에 출제되는 문제 수를 각 레벨별로 분석해 보면 아래와 같습니다.

대문제	N1	N2	N3	N4	N5
한자 읽기	6	5	8	9	12
표기	-	5	6	6	8
단어 형성	-	5	-	-	-
문맥 규정	7	7	11	10	10
유의 표현	6	5	5	5	5
용법	6	5	5	5	-
문제수 합계	25	32	35	35	35

'한자 읽기 및 표기', '문장 흐름에 맞는 어휘' 등을 고르는 문제가 출제되는 '문자/어휘' 문제를 한 번에 완벽하게 정리하려는 것은 욕심입니다. 여러 번 반복하여 암기하려는 마음가짐이 중요합니다.

한자는 음독, 훈독, 탁음, 장음/단음, 촉음에 주의하여 공부하고 소리 내어 읽어 보는 것이 중요합니다.

'문맥에 맞는 어휘를 고르는 문제'에는 특히 부사가 많이 출제되므로 효과적인 학습을 위해 평소에 단어 자체보다 문장 단위로 이해하려고 노력해야 합니다. 또한, '알맞은 용법을 고르는 문제'는 문장 전체를 익히면서 해당 문장 속에서 단어의 의미를 파악하도록 하는 것이 중요합니다.

여러분이 JLPT를 공부하는 방식은 각자 다를 것입니다. 학교에서의 수업도 교사마다 다르고 학원에서의 강의도 강사 마다 다를 수 있습니다.

그러나 각 레벨의 난이도에 해당하는 '문자/어휘'는 정해져 있으며 그것들을 학습 교재를 통해 단계적으로 익혀나가는 것이 일반적인 방식이지만, 우리는 여기에 그 하나의 효과적인 방식을 제시하는 의미에서 이 책을 발행하기로 하였습니다.

이 책의 가장 중요한 포인트는 주제별로 단어를 모아서 정리한 점입니다. 상황별로 그에 해당하는 관련 단어를 모아 한꺼번에 정리하는 방식이 학습자의 이해와 암기에 도움이 된다고 생각하였습니다.

다음으로 예문 선정에 심혈을 기울여 해당 표제 단어를 가장 잘 이해할 수 있도록 적합한 예문을 제시하였습니다. 그리고 그 예문을 음성으로 들음으로써 암기 효과를 높이고 한자의 발음도 익힐 수 있도록 음성파일을 제공하고 있습니다.

나아가 모의시험 문제를 레벨에 따라 140문제~252문제씩 온라인으로 제공하고 있습니다. 실시간으로 문제를 풀고 정답 확인이 가능합니다. 또한 모의시험 문제들은 PDF로 다운로드하여 풀어볼 수도 있습니다.

이 <필승합격 단어장 시리즈>는 N5에서 N1까지 모든 레벨에 대해 다섯 권의 단어장으로 발행하였습니다. JLPT에 도전하는 학습자 여러분이 단계별로 이 시리즈로 학습하여 단기간에 각 레벨에 필승합격하시기를 기원합니다.

2020년 11월
(주) 해외교육사업단

이 책의 사용법

▶ 주제별 단어 학습

일본어능력시험 (JLPT) 에서 다루는 수 많은 단어를 수준별, 주제별로 정리한 것이 < 필승합격 단어장 시리즈 > 입니다. N1 에서 N5 까지 5 권으로 편집하였습니다.

JLPT 에 자주 출제되고 일상생활에도 도움이 되는 단어를 주제별로 정리하여 각 상황에 알맞은 이미지로 익힐 수 있도록 하였습니다. 학습 순서는 흥미가 있는 주제부터 시작하여도 좋습니다.

표제 단어와 예문에 한국어로 된 번역문이 있으므로 의미도 쉽게 파악할 수 있습니다. 표제 단어에 품사를 제시하고 동의어, 반의어, 관련어, 유의어도 제시하고 있습니다. 또한 칼럼에서 언급하는 단어도 학습에 유익할 것입니다.

▶ 모의시험으로 실력 확인

각 레벨의 책에는 JLPT 의 어휘 문제에 대한 모의 문제가 웹사이트에 게재되어 있습니다. 온라인 방식으로 컴퓨터나 스마트폰에서 문제를 풀고 점수도 확인이 가능합니다. PDF 파일로도 제공되며 출력하여 사용할 수 있습니다. 각 장의 항목 (주제) 별로 문제가 제시되어 있으므로 해당 주제를 학습하고 바로 테스트를 해 볼 수 있습니다. 스스로 부족한 부분을 체크하여 반복학습으로 성적을 올리시기 바랍니다.

▶ 음성의 활용

모든 레벨의 단어장에는 표제 단어와 예문의 음성 파일이 이 책의 지정된 웹사이트에 게재되어 있습니다. PC 나 스마트폰에서 다운로드하여 들을 수도 있습니다.

예문은 자연스럽고 듣기 편한 속도로 녹음되었습니다. 이로써 청해 파트에 도움이 될 뿐만 아니라 실제 단어 암기에 매우 큰 효과가 있을 것입니다.

▶ 암기용 셀로판지 활용

책에 들어 있는 암기용 셀로판지를 이용하여 표제 단어와 예문의 단어를 가리고 학습할 수 있습니다. 어떤 내용이 들어갈지 생각하면서 학습을 진행할 수 있습니다.

단어의 번호입니다.

이미 알고 있거나 암기하였으면 박스에 체크 표시를 합시다.

단어의 품사입니다.

함께 외울 단어, 주의점과 설명 등입니다.

➕ : 관련 단어·유의어 등
＝ : 동의어
↔ : 반의어
👉 : 주의 사항 및 설명

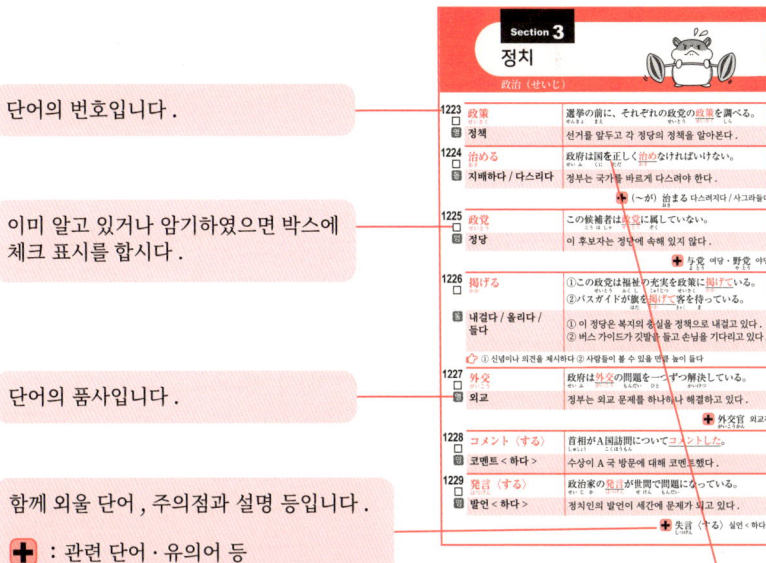

자동사·타동사의 조사 또는 주로 부정문에서 사용되는 것을 나타내는 'ない'는 굵은 글씨로 표기했습니다.

▶ 이 책에서 사용하는 품사 일람

명 : 명사	접속 : 접속사
동 : 동사	연어 : 연어
부 : 부사	접사 : 접사
대 : 대명사	관 : 관용구
ナ형 : ナ형용사	
イ형 : イ형용사	
연체 : 연체사 (관형어)	
감 : 감탄사	

목차

Chapter 1 사람과 사람과의 관계 人と人との関係 ········ 11

1. 가족　家族 ············ 12
2. 친구　友だち ············ 16
3. 지인·교제　知人・付き合い ············ 19
4. 연인　恋人 ············ 23
5. 관계 악화　関係悪化 ············ 28

Chapter 2 생활 暮らし ············ 33

1. 주거　住まい ············ 34
2. 돈　お金 ············ 38
3. 식사　食事 ············ 42
4. 쇼핑　買い物 ············ 47
5. 시간을 나타내는 말　時を表す言葉 ············ 51

Chapter 3 집에서 家で ············ 55

1. 아침　朝 ············ 56
2. 일과　日課 ············ 59
3. 요리　料理 ············ 62
4. 가사　家事 ············ 65
5. 이사　引っ越し ············ 70

Chapter 4 도시 町 ············ 75

1. 도시　町 ············ 76
2. 관공서　役所 ············ 80
3. 고향　ふるさと ············ 84
4. 교통　交通 ············ 88
5. 산업　産業 ············ 92

Chapter 5 학교에서 学校で ········· 95

1. 학교 学校 ········· 96
2. 공부 勉強 ········· 100
3. 시험 試験 ········· 104
4. 대학・대학원 大学・大学院 ········· 108
5. 컴퓨터(스마트폰) パソコン(スマホ) ········· 112

Chapter 6 회사에서 会社で ········· 115

1. 취업 就職 ········· 116
2. 회사 会社 ········· 120
3. 일／업무 仕事 ········· 124
4. 상하 관계 上下関係 ········· 128
5. 퇴직・이직 退職・転職 ········· 132

Chapter 7 즐겨찾기 お気に入り ········· 137

1. 경기 競技 ········· 138
2. 패션 ファッション ········· 142
3. 엔터테인먼트 エンターテインメント ········· 146
4. 책 本 ········· 150
5. 취미・취향 趣味・好み ········· 155

Chapter 8 자연・레저 自然・レジャー ········· 159

1. 기후와 날씨 気候と天気 ········· 160
2. 태풍・지진 台風・地震 ········· 164
3. 자연 自然 ········· 168
4. 휴일 休日 ········· 171
5. 여행 旅行 ········· 176

Chapter 9 건강을 위해 健康のために ・・・・・・・・・・・・・・・・・・ 181

1. 몸과 건강　体と健康　182
2. 아프기 전에　病気になる前に　185
3. 증상　症状　189
4. 병과 치료　病気と治療　192
5. 미용　美容　196

Chapter 10 뉴스 ニュース ・・・・・・・・・・・・・・・・・・・・・・・・・・・・・・・・・・ 201

1. 트러블・사건　トラブル・事件　202
2. 사고　事故　206
3. 정치　政治　211
4. 사회　社会　216
5. 세계・환경　世界・環境　220

Chapter 11 상태・이미지 様子・イメージ ・・・・・・・・・・・・・・ 225

1. 성격　性格　226
2. 좋은 기분　いい気分　231
3. 우울한 기분　ブルーな気分　234
4. 긍정적인 이미지　プラスのイメージ　237
5. 부정적인 이미지　マイナスのイメージ　240

Chapter 12 틀리기 쉬운 표현 間違えやすい表現 ・・・・・・ 243

1. 관용구①기운・마음・가슴　慣用句①気・心・胸　244
2. 관용구②머리・얼굴　慣用句②頭・顔　247
3. 관용구③몸　慣用句③体　251
4. 부사　副詞　254
5. 접속표현　接続表現　256

50음 단어 색인 ・・ 264

칼럼 목차

이것도 외우자!

접사　接辞(せつじ)

①~④ 정도　程度(ていど)
①高(こう)~…15　②低(てい)~…22　③好(こう)~・悪(悪)~…27　④名(めい)~…31

⑤~⑦ 금전　金銭(きんせん)
①~費(ひ)…41　②~代(だい)…46　③~料(りょう)・~賃(ちん)…54

⑧~⑩ 용도　用途(ようと)
①~用(よう)…69　②~向(む)き…73　③~向(む)け…74

⑪~⑬ 시간　とき
①今(こん)~・現(げん)~…79　②新(しん)~…83　③再(さい)~…87

⑭~⑯ 감정 등　感情等(かんじょうなど)
①~感(かん)…99　②~観(かん)…107　③~心(しん)…114

⑰・⑱ 직업 등　職業等(しょくぎょうなど)
①~家(か)・~者(しゃ)・~界(かい)…131　②~師(し)・~士(し)…135

⑲・⑳ 높은 정도　高程度(こうていど)
①大(だい)~…145　②超(ちょう)~・最(さい)~…154

㉑~㉓ 인상・감상 등　印象(いんしょう)・感想等(かんそうなど)
①~やすい…167　②~づらい…175　③~にくい…180

㉔・㉕ 상황　状況(じょうきょう)
①反(はん)~・逆(ぎゃく)~…188　②各(かく)~・諸(しょ)~…199

㉖~㉘ 명사화　名詞化(めいしか)
①~性(せい)…210　②~み…215　③~さ・~風(ふう)…224

㉙~㉛ 부정　否定(ひてい)
①無(む)~…230　②不(ふ)~…233　③非(ひ)~・未(み)~…239

정리해서 외우자!
여러 가지 의미를 가진 동사…260

㈜해외교육사업단 발행 도서

일본유학시험(EJU)
2019년 1회 기출문제
(매년 2회 시험분 발행)

일본유학시험(EJU)
대비 개념서 하이레벨
종합과목 개정 제2판

일본유학시험(EJU)
대비 개념서 하이레벨
이과 물리·화학·생물 개정판

일본유학시험(EJU)
대비 개념서 하이레벨
수학 코스1

  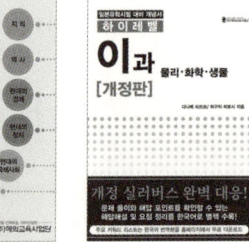 

일본유학시험(EJU)
모의시험 10회분
일본어 기술·독해

일본유학시험(EJU)
모의시험 10회분
일본어 청독해·청해

일본유학시험(EJU)
실전문제집(10회분)
일본어 기술·독해 vol.1

일본유학시험(EJU)
실전문제집(10회분)
일본어 청독해·청해 vol.1

일본유학정보도서
일본대학 학과도감

일본유학정보도서
일본 고등학교 유학가기

일본유학정보도서
일본 유학으로 성공하기

일본유학정보도서
일본 유학 수속 가이드

▶ 판매처 : 교보문고, 영풍문고, 예스24, 알라딘, 인터파크 (각 서점 및 사이트에서 구입 가능)

▶ 해외교육사업단 : 전화 02-552-1010/ 팩스 02-552-1062/ 이메일 hedc@hed.co.kr

발행도서 안내 : www.hedgroup.co.kr

N2
Chapter
1
사람과 사람과의 관계

人と人との関係
ひと　　ひと　　　かんけい

			단어 No.
1	가족	家族 かぞく	1~26
2	친구	友達 ともだち	27~49
3	지인・교제	知人・付き合い ちじん　つ　あ	50~75
4	연인	恋人 こいびと	76~102
5	관계 악화	関係悪化 かんけいあっか	103~131

Section 1
가족

家族（かぞく）

1 **一家** (いっか) 명 일가 / 한 가족	兄が私達一家を支えてくれている。 오빠 / 형이 우리 가족을 지탱해 주고 있다.

= ファミリー　➕ 一家団らん (いっかだん) 한 집안이 다 모여 있음

2 **ありがたい** イ형 감사한 / 고마운	家族は本当にありがたい存在だ。 가족은 정말로 고마운 존재다.

➕ ありがとう 고맙다

3 **向き合う** (むあ) 동 직면하다 / 마주하다	家族みんなで問題に向き合っている。 가족 모두가 문제에 마주하고 있다.

4 **つくづく [と]** 부 절실히 [하게]	最近、家族のありがたさをつくづくと感じる。 요즘 가족의 감사함을 절실히 느낀다.

➕ しみじみ [と] 마음속 깊이

5 **養う** (やしな) 동 부양하다 / 양육하다	父は一生懸命に働いて、家族を養っている。 아버지는 열심히 일해서 가족을 부양하고 있다.

6 **役目** (やくめ) 명 역할	子どもを育てることが親の役目だ。 아이를 기르는 것이 부모의 역할이다.

7 **甘える** (あま) 동 응석 부리다 / 어리광부리다	妹は子どもの頃から、母に甘えている。 여동생은 어릴 때부터 엄마에게 어리광을 부리고 있다.

➕ 甘え (あま) 응석・甘やかす (あま) 응석 부리게 하다

8 **世間知らず** (せけんし) 명 세상 물정에 어두움	父に「おまえは世間知らずだ」と言われた。 아버지는 "너는 세상 물정에 어둡다"고 말했다.

Chapter 1

9 しつけ	子どものしつけは、親の義務だ。
명 예절 교육	아이의 예절 교육은 부모의 의무다.

➕ しつける (예의범절을) 가르치다

10 言いつける	兄は妹のいたずらを母に言いつけた。
동 고자질하다	오빠/형은 여동생의 장난을 엄마에게 고자질했다.

11 自立〈する〉	兄は自立して、一人暮らしをしている。
명 자립〈하다〉	오빠/형은 자립하여 혼자서 살고 있다.

12 言い出す	妹はアメリカに語学留学したいと言い出した。
동 말을 꺼내다	여동생은 미국에 어학 유학을 가고 싶다고 말을 꺼냈다.

13 意思	親に自分の意思を伝えるのは難しい。
명 의사	부모에게 자신의 의사를 전달하는 것은 어렵다.

14 尊重〈する〉	両親はいつも、私の意見を尊重してくれる。
명 존중〈하다〉	부모님은 항상 내 의견을 존중해준다.

15 説得〈する〉	父は私の留学に反対だったが、母が説得してくれた。
명 설득〈하다〉	아빠는 나의 유학에 반대했지만 엄마가 설득해 주었다.

16 納得〈する〉	父は私の留学を、やっと納得してくれた。
명 납득〈하다〉	아빠는 나의 유학을 겨우 납득하여 주었다.

17 逆らう	①若いときは、よく親に逆らった。 ②強い風に逆らって歩く。
동 반항하다 / 거스르다	① 어렸을 때는 자주 부모님에게 반항했다. ② 강한 바람을 거슬러서 걷는다.

➕ 抵抗〈する〉 저항〈하다〉

👍 ① 부모·어른에게 반항적인 태도를 취하다 ② 흐름과 반대 방향으로 이동

Section 1

18 反省 〈する〉
명 반성 < 하다 >
昔親に逆らったことを、今は反省している。
옛날에 부모님께 반항한 것을 지금은 반성하고 있다.

➕ 反省会 반성회

19 放っておく
동 내버려두다
父はいちいちうるさい。放っておいてほしい。
아빠는 매사에 시끄럽다. 가만히 내버려 뒀으면 좋겠다.

20 介護 〈する〉
명 개호 / 간병 < 하다 >
家族みんなで祖母を介護している。
가족 모두가 할머니를 간병하고 있다.

➕ 介護士 개호사

21 ホームヘルパー
명 홈 헬퍼 / 가정도우미
週に3回、ホームヘルパーに来てもらう。
주 3회 가정도우미가 와준다.

🟰 ヘルパー

22 世代
명 세대
世代が違うと、話が合わないこともある。
세대가 다르면 말이 안맞는 경우도 있다.

🟰 ジェネレーション　➕ 世代交代 세대교체

23 継ぐ
동 계승하다 / 승계하다
来年、父の会社を継ぐことになった。
내년에 아빠 회사를 승계하기로 했다.

➕ 受け継ぐ 물려받다

24 妊娠 〈する〉
명 임신 < 하다 >
妹は妊娠3か月だ。
여동생은 임신 3개월이다.

➕ 産婦人科 산부인과・妊婦 임산부

25 出産 〈する〉
명 출산 < 하다 >
実家の近くの病院で出産することにした。
친정 근처 병원에서 출산하기로 했다.

➕ 出産祝い 출산 축하

Chapter 1

26	産む	姉は二十歳のときに長男を産んだ。
동	낳다	언니 / 누나는 20 살 때에 장남을 낳았다.

➕ 生まれる 태어나다

이것도 외우자! ❶

➕ 접사：정도① 接辞：程度①

• 高~

高学歴	고학력
高学年	고학년
高収入	고수입
高性能	고성능
高気圧	고기압
高血圧	고혈압

Section 2
친구
友達（ともだち）

27 友人 (ゆうじん)
명 친구

国から友人が遊びに来た。
모국에서 친구가 놀러 왔다.

➕ 友人達(ゆうじんたち) 친구들

28 仲 (なか)
명 사이 / 관계

このクラスの生徒は、とても仲がいい。
이 학급 학생들은 매우 사이가 좋다.

➕ 仲良し(なかよし) 사이 좋은 친구

29 縁 (えん)
명 연 / 인연

縁があって、彼女と親友になれた。
인연이 있어서 그녀와 친구가 될 수 있었다.

30 ニックネーム
명 닉네임 / 별명

彼と私はニックネームで呼び合っている。
그와 나는 별명으로 서로를 부르고 있다.

＝ 愛称(あいしょう)・あだ名(な)

31 大半 (たいはん)
명 대부분

一日の大半の時間を友達と過ごしている。
하루 대부분의 시간을 친구와 보내고 있다.

32 恵まれる (めぐ)
동 은혜 받다 / 혜택을 보다

私は、いつも友人に恵まれている。
나는 항상 친구에게 혜택을 보고 있다.

33 頼る (たよ)
동 의지하다

私達は親友なのだから、困ったときは頼ってほしい。
우리는 친한 친구니까 어려울 때는 의지했으면 좋겠다.

➕ 頼り(たよ)にする 의지하다・頼り(たよ)になる 의지가 되다

34 頼もしい (たの)
イ형 믿음직하다 / 든든하다

彼女は何でも相談できる頼もしい存在だ。
그녀는 뭐든지 상담할 수 있는 든든한 존재다.

Chapter 1

35 見習う
動 본받다
私には見習うべき友人が何人かいる。
나에게는 본받아야 할 친구가 몇 명 있다.

➕ 見習い 견습

36 打ち明ける
動 털어놓다
親友だけに秘密を打ち明けた。
친한 친구에게만 비밀을 털어놓았다.

37 励ます
動 격려하다
私が試験に落ちたとき、友達が励ましてくれた。
내가 시험에 떨어졌을 때 친구가 격려해 주었다.

38 あえて
副 굳이 / 일부러
大切な友達だから、あえて厳しい忠告もする。
소중한 친구니까 굳이 따끔한 충고도 한다.

39 なぐさめる
動 위로하다 / 달래다
彼女にふられたとき、友達がなぐさめてくれた。
여자친구에게 차였을 때 친구가 위로해 주었다.

40 察する
動 헤아리다 / 살피다
彼女の気持ちを察して、何も言わなかった。
그녀의 기분을 헤아려서 아무것도 말하지 않았다.

41 思いやり
名 배려 / 동정심
周りの人への思いやりを大切にしたい。
주변 사람들에 대한 배려를 소중히 하고 싶다.

➕ 思いやる 배려하다

42 何気ない
イ形 아무렇지도 않다
友達との何気ない会話が楽しい。
친구와 아무렇지 않은 대화가 즐겁다.

43 からかう
動 놀리다
彼女ができて、友達にからかわれた。
여자친구가 생겨 친구에게 놀림을 받았다.

44 幹事
名 간사
仲間の飲み会では、いつも私が幹事だ。
친구들과의 술자리에서는 항상 내가 간사다.

45 呼び出す
動 불러내다
夜遅く、親友に「飲みに行こう」と呼び出された。
밤늦게 친구가 "술 마시러 가자"고 불러냈다.

Section 2

46 盛り上がる
動 분위기가 달아 오르다 / 솟아오르다

①パーティーは盛り上がって、夜中まで続いた。
②地震で道が盛り上がった。

① 파티는 분위기가 고조되어 밤늦게까지 이어졌다.
② 지진으로 도로가 솟아올랐다.

👍 ① 흥분하다, 격해지다 ② 팽창하고 상승하다

47 あきれる
動 놀라다 / 어이없다 / 기가 막히다 / 질리다

彼はいつも遅刻するので、あきれてしまう。

그는 항상 지각해서 어이가 없다.

48 ふざける
動 장난치다 / 까불다

友達とふざけていたら、転んで足の骨を折った。

친구와 장난치다가 넘어져서 다리 뼈가 부러졌다.

49 久しい
イ形 오래다

高校時代のクラスメートと久しく会っていない。

고교시절 반 친구와 오랫동안 만나지 못했다.

➕ 久しぶり 오랜간만

Section 3
지인 · 교제

知人(ちじん)・付き合い(つきあい)

50	初対面 (しょたいめん) 명 초면	山田さんとは初対面だったので、あいさつした。 야마다 씨와는 초면이었기에 인사했다.
51	自己紹介 (じこしょうかい) 명 자기소개	合コンでお互いに自己紹介をした。 미팅에서 서로 자기소개를 했다.

➕ 自己流(じこりゅう) 자신만의 방식

52	おじぎ〈する〉 명 (머리 숙여) 인사 <하다>	朝、大家さんに会ったので、おじぎした。 아침에 집주인을 만났기 때문에 (머리 숙여) 인사했다.
53	近所付き合い (きんじょづあ) 명 이웃과의 교제	できるだけ近所付き合いを大切にしている。 가능한 한 이웃과의 교제를 소중히 하고 있다.

➕ 友達付き合い(ともだちづあ) 친구 교제

54	大家 (おおや) 명 집주인	私のアパートの大家さんは、とても親切な人だ。 내 아파트 집주인은 매우 친절한 사람이다.
55	飼い主 (かぬし) 명 사육인 / 주인	犬の飼い主同士が公園でおしゃべりをしている。 강아지 주인끼리 공원에서 얘기하고 있다.
56	交わす (かわす) 동 주고받다 / 교환하다	近所の人達に会うと、笑顔であいさつを交わす。 이웃 사람들과 만나면 웃는 얼굴로 인사를 주고받는다.
57	呼び止める (よとめる) 동 불러 세우다	アパートの前で管理人さんに呼び止められた。 아파트 앞에서 관리인이 불러서 발걸음을 멈췄다.

Section 3

58 振り返る
ふりかえ
동 돌아보다 / 돌이키다

① 後ろから名前を呼ばれて、振り返った。
② 学生時代を振り返ると、なつかしい。

① 뒤에서 이름을 불러서 돌아보았다.
② 학생 시절을 돌이켜보면 그립다.

👍 ① 얼굴이나 몸을 움직여 뒤를 살피다 ② 과거를 기억하다

59 再会〈する〉
さいかい
명 재회〈하다〉

以前お世話になった人に再会した。

이전에 신세진 사람과 재회했다.

60 覚え
おぼ
명 기억

田中さんとは会った覚えがない。

다나카 씨와는 만난 기억이 없다.

➕ 記憶 기억
  きおく

61 心当たり
こころあ
명 짚이는 구석 / 짐작이 가다

心当たりのない番号から電話が、かかってきた。

짚이는 데가 없는 번호로부터 전화가 걸려 왔다.

62 結びつく
むす
동 연결되다 / 결부되다

川田さんの名前と顔が結びつかない。

가와다 씨의 이름과 얼굴이 연결되지 않는다.

➕ (〜を) 結びつける (~을) 연결하다
        むす

63 とっさ [に]
명/부 순간 [적으로]

隣の人に会ったとき、とっさに名前が出てこなかった。(副)

이웃 사람과 만났을 때 순간 이름이 생각나지 않았다.

64 てっきり
부 틀림없이 / 꼭

てっきり彼らを兄弟だと思っていた。

틀림없이 그들을 형제로 생각하고 있었다.

65 思い込む
おも こ
동 믿다 / 결심하다

私は木村さんが独身だと思い込んでいた。

나는 기무라 씨가 독신이라고 믿고 있었다.

➕ 思い込み 확신
  おも こ

66 コミュニケーション
명 커뮤니케이션

いろいろな国の人とコミュニケーションを持ちたい。

여러 나라 사람들과 커뮤니케이션을 갖고 싶다.

Chapter 1

67	ネットワーク	将来のために、知り合いのネットワークを広げたい。
명	네트워크	장래를 위해 아는 사람의 네트워크를 넓히고 싶다.

👉 본래의 의미는 라디오와 텔레비전 네트워크에서 왔다.

68	直接	彼とは直接の友達ではない。(名)
명 부	직접	그와는 직접적인 친구가 아니다.

↔ 間接

69	接する	①敬語が下手なので、目上の人と接するのが苦手だ。 ②私のアパートは、隣のビルと接している。
동	접하다 / 접촉하다	① 경어가 부족하기 때문에 윗사람과 접하는 것이 서툴다. ② 내 아파트는 옆 빌딩과 접해 있다.

👉 ①사람과 교류 ②인접한

70	招く	①先日、部長のお宅に招かれた。 ②彼の言葉が大きな混乱を招いた。
동	초대하다 / 초래하다	① 지난 번에 부장님 댁에 초대받았다. ② 그의 말이 큰 혼란을 초래했다.

👉 ① 초대하다 ② 좋지않은 결과의 원인이 되다

71	気配り〈する〉	アルバイト先の先輩の気配りを見習いたい。
명	배려 〈 하다 〉	아르바이트 하는 곳 선배의 배려를 본받고 싶다.

72	込める	感謝の気持ちを込めて、先生へのプレゼントを選んだ。
동	담다 / 속에 넣다	감사의 마음을 담아서 선생님 선물을 골랐다.

73	同期	彼は会社の同期と、とても仲がいい。
명	동기	그는 회사 동기와 매우 사이가 좋다.

74	ぐち	毎晩居酒屋で同期とぐちをこぼしている。
명	푸념	매일 밤 술집에서 동기와 푸념을 늘어놓고 있다.

Section 3

75 大いに(おお)	今日は大いに飲んで楽しもう。
부 많이	오늘은 많이 마시고 즐기자.

이것도 외우자! ❷

➕ 접사 : 정도② 接辞(せつじ) : 程度(ていど)②

• **低(てい)~**

低予算(ていよさん)	저예산
低学年(ていがくねん)	저학년
低血圧(ていけつあつ)	저혈압
低姿勢(ていしせい)	저자세
低次元(ていじげん)	저차원
低レベル(てい)	저레벨

Section 4

연인
恋人（こいびと）

76	カップル	彼らは似合いのカップルだ。
명	커플	그들은 어울리는 커플이다.

➕ ペア 페어, 쌍, 짝

77	愛	愛を込めて、彼女にメッセージを送る。
명	사랑	사랑을 담아서 여자친구에게 메시지를 보낸다.

➕ 愛する 사랑하다・愛情 애정

78	同士	恋人同士が見つめ合う。
명	동지 / 끼리	연인끼리 서로를 바라본다.

➕ 友達同士 친구끼리・他人同士 타인끼리

79	[お]互い[に]	二人はお互いの性格が気に入った。(名) 私達は会ったときから、お互いに好きだった。(副)
명 부	서로	둘은 서로 성격이 맘에 들었다. 우리들은 만났을 때부터 서로 좋아했다.

80	つり合う	僕が彼女とつり合っているかどうか心配だ。
동	어울리다	나는 여자친구와 어울리는지 아닌지 걱정이다.

81	むしろ	完ぺきな人より、むしろ欠点のある人の方が好きだ。
부	오히려	완벽한 사람보다 오히려 결점있는 사람이 좋다.

82	いわば	彼女は僕にとって、いわば太陽のような人だ。
부	말하자면	여자친구는 나에게 있어서 말하자면 태양과 같은 사람이다.

83	視線	二人は、しばらく視線を合わせなかった。
명	시선	두 사람은 한동안 시선을 마주치지 않았다.

Section 4

84 見つめる
동 응시하다 / 주시하다

彼は彼女をじっと見つめていた。
그는 여자친구를 지그시 응시하고 있었다.

➕ 見つめ合う 서로 바라보다

85 そらす
동 피하다 / 딴 데로 돌리다

彼女に気づかれて、目をそらした。
여자친구가 알아채서 눈을 돌렸다.

86 ちらっと
부 흘끗 / 잠깐 / 언뜻

好きな人が隣の席に座ったので、ちらっと見た。
좋아하는 사람이 옆 자리에 앉았기에 흘끗 봤다.

= ちらりと

87 もしかすると
부 어쩌면

もしかすると、彼は私のことが好きかもしれない。
어쩌면 그는 나를 좋아하고 있을지도 모른다.

= もしかしたら・もしかして・ひょっとすると

88 探る
동 살피다 / 탐지하다 / 찾다

①友達に頼んで、彼女の気持ちを探ってもらった。
②ポケットを探ったら、500円玉が出てきた。

① 친구에게 부탁해서 여자친구의 마음을 탐지해 받았다.
② 주머니를 뒤져보니 500엔 동전이 나왔다.

👉 ① 남들이 눈치채지 못하게 확인하다 ② 눈에 보이지 않는 것을 찾다

89 示す
동 나타내다 / 가리키다

①彼は彼女に自分の気持ちを示せない。
②例を示して、文法を説明する。

① 그는 여자친구에게 자신의 마음을 표현하지 못한다.
② 예를 들어서 문법을 설명한다.

👉 ① 다른 사람에게 감정을 전하다 ② 다른 사람이 알 수 있도록 명확하게 보여줌

90 口実
명 구실 / 핑계

試験勉強を口実にして、彼女と図書館で会った。
시험 공부를 구실로 여자친구와 도서관에서 만났다.

91 うつむく
동 고개를 숙이다

彼女は恥ずかしそうにうつむいた。
여자친구는 부끄러운 듯이 고개를 숙였다.

Chapter 1

92	こそこそ〈する〉	親に内緒にして、こそこそ付き合うのは嫌だ。
부	몰래하는 모양 / 살금살금 < 하다 >	부모에게는 비밀로 하고 몰래 사귀는 것은 싫다.

➕ こっそり［と］몰래

93	ささやく	彼は、やさしい声で「愛してる」とささやいた。
동	속삭이다	그는 다정한 목소리로 "사랑해"라고 속삭였다.

➕ つぶやく 중얼대다, 투덜대다

94	禁物	私達の間で、うそは禁物だ。
명	금물	우리 사이에 거짓말은 금물이다.

➕ 禁句 금구 (삼가야 하는 말)

95	許す	彼にうそをついたことを謝って、許してもらった。
동	용서하다	그에게 거짓말을 한 것을 사과하고 용서를 받았다.

96	合コン	二人は合コンで知り合ったそうだ。
명	미팅	두 사람은 미팅에서 알게 되었다고 한다.

➕ コンパ 친목회

97	アプローチ〈する〉	先にアプローチしたのは彼だった。
명	어프로치 / 접근 < 하다 >	먼저 접근한 것은 그였다.

98	運命	彼女こそ、僕の運命の人だ。
명	운명	그녀야말로 내 운명의 사람이다.

99	決意〈する〉	ついに彼女との結婚を決意した。
명	결심 < 하다 >	마침내 여자친구와의 결혼을 결심하였다.

➕ 決心〈する〉 결심 < 하다 >

100	プロポーズ〈する〉	指輪を贈って、彼女にプロポーズした。
명	프로포즈 < 하다 >	반지를 선물하고 여자친구에게 프로포즈 했다.

Section 4

101	誓う ちか	みんなの前で愛を誓った。 まえ　あい　ちか
동	맹세하다	모든 사람 앞에서 사랑을 맹세하였다.
102	花嫁 はなよめ	彼女の花嫁姿は、きっと美しいだろう。 かのじょ　はなよめすがた　　うつく
명	신부	여자친구의 신부 차림은 분명 아름다울 것이다.

➕ 花むこ 신랑
　はな

이것도 외우자! ❸

➕ 접사 : 정도③　接辞：程度③

• 好~

好印象	호인상 (좋은 인상)
好条件	호조건 (좋은 조건)
好成績	호성적 (좋은 성적)
好景気	호경기 (좋은 경기)
好人物	호인물 (좋은 사람)
好都合	좋은 형편 / 사정

• 悪~

【あく~】

悪条件	악조건
悪趣味	악취미
悪影響	악영향
悪天候	악천후
悪習慣	악습관
悪循環	악순환

【わる~】

悪知恵	못된 꾀
悪酔い	잔뜩 취함
悪ふざけ	못된 장난

Section 5
관계 악화
関係悪化（かんけいあっか）

103 ナ형	ささいな 사소 / 시시한	ささいなことが原因で、彼女とけんかになった。 사소한 것이 원인으로 그녀와 싸우게 되었다.
104 동	避ける 피하다	私は彼のようなタイプが苦手で、つい避けてしまう。 나는 그와 같은 타입에 자신이 없어 그만 피해 버린다.
105 명	誤解〈する〉 오해 < 하다 >	小さなことが彼女の誤解を招いてしまった。 작은 일이 그녀의 오해를 불러일으키고 말았다.
106 명	勘違い〈する〉 착각 < 하다 >	私の勘違いで、親友とけんかになった。 나의 착각으로 친한 친구와 싸우게 되었다.
107 명	言い訳〈する〉 변명 < 하다 >	彼女は言い訳が多い人だ。 그녀는 변명이 많은 사람이다.
108 부	きっぱり［と］ 단호히 [하게]	彼に食事に誘われたが、きっぱり断った。 그에게 식사에 초대받았지만 단호히 거절했다.
109 관	ばかにする 깔보다 / 업신여기다	あの人は、いつも私をばかにしている。 그 사람은 항상 나를 업신여기고 있다.
110 명 ナ형	いやみ〈な〉 비꼼 < 듯이 > / 빈정상하는	彼の言い方はいやみに聞こえる。（名） 그의 말투는 빈정상하게 들린다.
111 동	責める 비난하다 / 질책하다	一方的に人を責めるのはよくない。 일방적으로 사람을 비난하는 것은 좋지 않다.
112 동	けなす 깎아 내리다 / 비방하다	彼は人をほめず、いつもけなしている。 그는 사람을 칭찬하지 않고 항상 비방한다.

Chapter 1

113 だまる	彼女が怒っているときは、だまるしかない。	
동 말을 하지 않다	그녀가 화났을 때는 가만히 있을 수 밖에 없다.	

114 にらむ	彼女は怖い顔で、じっと彼をにらんだ。	
동 노려보다	그녀는 무서운 얼굴로 계속 그를 노려보았다.	

115 裏切る	信じていた人に裏切られてしまった。	
동 배신하다	믿고 있던 사람에게 배신당하고 말았다.	

116 だます	知り合いにだまされて、お金を貸してしまった。	
동 속이다	지인에게 속아서 돈을 빌려주고 말았다.	

117 せい	うそをついたせいで、彼とけんかになった。	
명 탓	거짓말을 한 탓에 그와 싸우게 되었다.	

➕ おかげ 덕분

118 行為	彼女の行為が、どうしても許せない。	
명 행위	그녀의 행위가 도저히 용서할 수 없다.	

➕ 迷惑行為 폐를 끼치는 행위 / 귀찮게 하는 행위

119 口論〈する〉	こんなことで友達と口論したくない。	
명 말다툼 < 하다 >	이런 일로 친구와 말다툼하고 싶지 않다.	

🟰 口げんか〈する〉

120 怒鳴る	父が大声で怒鳴るのを初めて聞いた。	
동 큰 소리치다 / 고함치다	아빠가 큰 소리로 고함치는 것을 처음 들었다.	

121 殴る	友達に殴られて、大けがをした。	
동 때리다	친구에게 맞아서 큰 부상을 입었다.	

122 貸し借り〈する〉	友達とは、お金の貸し借りをしない方がいい。	
명 대차 < 하다 >	친구와는 돈을 대차하지 않는 게 좋다.	

Section 5

123 ばらす
동 폭로하다 / 분해하다

① 人の秘密をばらすなんて、彼は最低だ。
② 引っ越しで、ベッドをばらして運んだ。

① 남의 비밀을 폭로하다니 그는 최악이다.
② 이사로 침대를 분해해서 옮겼다.

👉 ① 공유하기 위한 것이 아닌 것을 타인에게 공개하다 ② 원래 하나인 것을 분해하다

124 気まずい
イ형 서먹서먹하다 / 어색하다

口論の後、二人は気まずくなった。

말다툼 후에 두 사람은 어색해졌다.

125 今さら
부 지금에야 / 이제 와서

今さら彼に謝られても、すぐには許せない。

이제 와서 그에게 사과받아도 바로 용서할 수는 없다.

126 台無し
명 망치게 됨 / 못쓰게 됨

けんかをして、親友との友情を台無しにしてしまった。

싸움을 해서 친구와의 우정을 망쳐 버렸다.

127 うらむ
동 원망하다

彼女に裏切られたが、うらむ気にはなれない。

그녀에게 배신당했지만 원망할 마음은 없다.

➕ うらみ 원한, 앙심

128 追い出す
동 내몰다 / 내쫓다

父とけんかして、家を追い出された。

아빠와 싸워서 집에서 쫓겨났다.

129 仲間外れ
명 집단 따돌림

私は、SNSで仲間外れにされてしまった。

나는 SNS에서 집단 따돌림을 당하고 말았다.

130 あいつ
명 그 녀석

あいつとは、もう二度と会いたくない。

그 녀석과는 이제 두 번 다시 만나고 싶지 않다.

➕ やつ 그놈

👉 "그 사람"을 허물없이 부르는 방법, 당신이 그 사람보다 높은 지위에 있거나 그 사람과 매우 친숙할 때 사용한다.

131 他人
명 타인 / 남

兄はけんかすると、他人のような態度になる。

오빠/형과 싸우면 남과 같은 같은 태도를 취한다.

Chapter 1

이것도 외우자! ④

➕ 접사 : 정도④ **接辞 : 程度**④

• **名**~

名案	명안 (좋은 생각)
名作	명작
名画	명화
名曲	명곡
名所	명소
名人	명인
名産	명산
名医	명의
名文	명문
名著	명저
名声	명성
名場面	명장면
名女優	명여배우

N2
Chapter
2
생활

暮らし

		단어 No.
1 주거	住まい	132~158
2 돈	お金	159~182
3 식사	食事	183~209
4 쇼핑	買い物	210~241
5 시간을 나타내는 말	時を表す言葉	242~267

Section 1

주거
住まい (すまい)

132 一人住まい (ひとりずまい)
명 혼자 삶 / 독신 거주

このアパートは学生の一人住まいが多い。
이 아파트는 학생 독신 거주(자)가 많다.

➕ 一人暮らし (ひとりぐらし) 자취

133 賃貸 (ちんたい)
명 임대

去年から賃貸のアパートに住んでいる。
작년부터 임대 아파트에 살고 있다.

➕ 賃貸住宅 (ちんたいじゅうたく) 임대 주택

134 敷金 (しききん)
명 보증금

このアパートは借りるときに敷金が必要だ。
이 아파트는 빌릴 때 보증금이 필요하다.

➕ 礼金 (れいきん) 사례금

135 更新〈する〉 (こうしん)
명 갱신 〈하다〉

ここに住んで2年経ったので、もうすぐ更新だ。
여기에 산지 2년이 지났기 때문에 곧 갱신이다.

136 ローン
명 론, 대출

会社の先輩が30年ローンで家を買った。
회사 선배가 30년 대출로 집을 샀다.

➕ 住宅ローン (じゅうたく) 담보 대출

137 決まり (きまり)
명 결정, 규칙

ここではペットを飼ってはいけない決まりがある。
여기서는 애완동물을 키우면 안되는 규칙이 있다.

➕ ルール 룰, 규칙

138 一戸建て (いっこだて)
명 단독주택

先生が東京に一戸建てを買ったそうだ。
선생님이 도쿄에 단독주택을 샀다고 한다.

➕ 一軒家 (いっけんや) 외딴집, 독채집

139 マイホーム
명 내 집 / 마이홈

日本でマイホームを買うのが夢だ。
일본에서 내 집을 사는 것이 꿈이다.

Chapter 2

140 我が家(わがや)
명 우리 집

やっぱりふるさとの我が家が一番だ。
역시 고향의 우리 집이 최고다.

➕ 我が町 우리 마을・我が国 우리나라

141 家屋(かおく)
명 가옥

実家は家屋は大きくないが、庭がとても広い。
본가는 가옥은 크지 않지만 정원이 매우 넓다.

142 屋根(やね)
명 지붕

あの青い屋根が山田さんの家です。
저 파란 지붕이 야마다 씨의 집이다.

143 洗面所(せんめんじょ)
명 세면장

この家には洗面所に洗濯機を置くスペースがある。
이 집에는 세면장에 세탁기를 두는 공간이 있다.

144 物置(ものおき)
명 헛간 / 곳간 / 수납장

使わない物は物置に入れておく。
사용하지 않는 물건은 수납장에 넣어 둔다.

145 間取り(まどり)
명 방의 배치

我が家の間取りは４ＬＤＫだ。
우리 집의 방 배치는 4LDK 다.

146 空間(くうかん)
명 공간

この部屋は、空間を広く見せる工夫をしている。
이 방은 공간을 넓게 보이도록 고안을 했다.

147 奥(おく)
명 안 / 속

①寒くなったので、押し入れの奥からふとんを出した。
②田中さんの家を訪ねたら、奥の部屋に通された。
① 추워져서 벽장 안에서 이불을 꺼냈다.
② 다나카 씨의 집을 방문했더니 안방으로 안내되었다.

👉 ① 사물의 가장 안쪽 ② 어느 방의 입구에서 가장 먼 곳

148 手前(てまえ)
명 자기 앞 / 체면

そのドアは手前に引いてください。
그 문은 앞으로 당겨주세요.

149 南向き(みなみむき)
명 남쪽 방향 / 남향

この部屋は南向きで暖かい。
이 방은 남향으로 따뜻하다.

➕ 北向き 북쪽 방향・西向き 서쪽 방향・東向き 동쪽 방향

Section 1

150	温もり(ぬくもり)	この家は木の温もりが感じられる。
명	온기 / 따스함	이 집은 나무의 온기가 느껴진다.

151	頑丈な(がんじょう)	うちは頑丈なので、地震が起きても大丈夫だ。
ナ형	완고한 / 튼튼한	우리 집은 튼튼해서 지진이 일어나도 괜찮다.

152	点検〈する〉(てんけん)	今日はマンションのエレベーターが点検中で、動かない。
명	점검 < 하다 >	오늘은 맨션 엘리베이터가 점검중이어서 움직이지 않는다.

➕ 点検中(てんけんちゅう) 점검중

153	停止〈する〉(ていし)	今、エレベーターが停止している。
명	정지 < 하다 >	지금 엘리베이터가 정지되어 있다.

154	物音(ものおと)	上の部屋で大きな物音がする。
명	소리	윗방에서 큰 소리가 난다.

155	防犯(ぼうはん)	防犯のために、ドアに特別な鍵をつけた。
명	방범	방범을 위해 문에 특별한 열쇠를 설치했다.

➕ 防犯ベル(ぼうはん) 방범 벨 · 防犯カメラ(ぼうはん) 방범 카메라

156	ぞっと〈する〉	同じアパートに犯人が住んでいたなんて、ぞっとする。
부	오싹 < 하다 >	같은 아파트에 범인이 살고 있었다니 오싹하다.

157	警備〈する〉(けいび)	このマンションは警備が厳しい。
명	경비 < 하다 >	이 맨션은 경비가 삼엄하다.

➕ 警備会社(けいびがいしゃ) 경비회사 · 警備員(けいびいん) 경비원

158	新築〈する〉	このアパートは新築ではないが、建ってからまだ2年だ。
명	신축 < 하다 >	이 아파트는 신축은 아니지만 지은 지 아직 2년이다.

➕ 築年数 건축년수

Section 2

돈

お金（おかね）

159 収入 (しゅうにゅう) 명 수입

アルバイト生活なので、毎月の収入が違う。

아르바이트 생활이기 때문에 매월 수입이 다르다.

⇔ 支出(ししゅつ)　➕ 所得(しょとく) 소득・年収(ねんしゅう) 연소득

160 ごく 부 매우 / 아주

ごくわずかだが、給料が上がった。

아주 적지만 급료가 올랐다.

161 せいぜい 부 기껏 / 겨우 / 고작 / 힘껏

①私の給料はせいぜい月20万円くらいだ。
②あきらめずに、せいぜい頑張りなさい。

① 나의 급료는 고작 월 20만엔 정도다.
② 포기하지 말고 힘껏 힘내라.

👉 ① 최대한 ② 할 수 있는 만큼

162 出費 〈する〉 (しゅっぴ) 명 지출

一人暮らしは出費が多くて、大変だ。

혼자 사는 것은 지출이 많고 힘들다.

➕ 経費(けいひ) 경비

163 赤字 (あかじ) 명 적자

①困った。今月もまた赤字だ。
②レポートが返ってきたが、赤字が入っていた。

① 큰일났다. 이번 달도 또 적자다.
② 리포트가 돌아왔지만 빨간 글씨가 적혀 있었다.

👉 ① 소득을 초과하는 지출 ② 잘못을 바로잡기 위한 표시

164 大金 (たいきん) 명 큰돈

私にとって1万円は大金だ。

나에게 1만엔은 큰 돈이다.

165 税金 (ぜいきん) 명 세금

市役所から税金の支払い通知が来た。

시청에서 세금 납부 통지가 왔다.

➕ 税込(ぜいこみ) 세금 포함

166 納める おさ 動 납부하다	私は税金を、きちんと納めている。 わたし ぜいきん おさ 나는 세금을 제대로 납부하고 있다.
167 含む ふく 動 포함하다	税込価格は消費税を含む。 ぜいこみかかく しょうひぜい ふく 세금 포함 가격은 소비세를 포함한다.

➕ 含める 포함시키다
　　ふく

168 公共料金 こうきょうりょうきん 名 공공요금	日本の公共料金は私の国よりずっと高い。 にほん こうきょうりょうきん わたし くに たか 일본의 공공요금은 우리나라보다 훨씬 비싸다.
169 払い込む はら こ 動 불입하다	商品の代金をコンビニのATMで払い込んだ。 しょうひん だいきん はら こ 상품 대금을 편의점 ATM에서 송금했다.

➕ 振り込む 이체하다
　　ふ こ

170 引き落とし ひ お 名 이체	光熱費は銀行の引き落としにしている。 こうねつひ ぎんこう ひ お 광열비는 은행 자동이체로 하고 있다.

➕ 引き落とす 자동이체하다
　　ひ お

171 手数料 てすうりょう 名 수수료	この時間にATMを利用すると、手数料がかかる。 じかん りよう てすうりょう 이 시간에 ATM을 이용하면 수수료가 붙는다.
172 出し入れ〈する〉 だ い 名 출납	銀行預金の出し入れは、コンビニでもできる。 ぎんこうよきん だ い 은행예금의 출납은 편의점에서 가능하다.
173 高くつく たか 慣 비싸게 치이다	一人暮らしの自炊は高くつくこともある。 ひとりぐ じすい たか 혼자 사는 자취는 비싸게 먹히는 경우도 있다.

↔ 安く済む
　　やす す

174 残高 ざんだか 名 잔고 / 잔액	ときどき銀行の残高をチェックする。 ぎんこう ざんだか 종종 은행의 잔고를 체크한다.
175 せっせと 副 열심히 / 부지런히	せっせとバイトして、少しでも貯金したい。 すこ ちょきん 부지런히 아르바이트해서 조금이라도 저금하고 싶다.

Section 2

176 ナ형	**大まかな** おお 대략 / 대충	**大まかに**1か月の生活費を計算すると、10万円だ。 대략적으로 한달 생활비를 계산하니 10 만엔이다.
177 동	**差し引く** さ ひ 빼다	給料から生活費を**差し引く**と、貯金はできない。 급료에서 생활비를 빼면 저금은 할 수 없다.
178 동	**努める** つと 노력하다	いつも節約に**努めて**いる。 항상 절약에 노력하고 있다.

➕ 努力〈する〉 노력＜하다＞
　どりょく

179 동	**立て替える** た か 대납하다 / 입체하다	友達に飲み会の勘定を**立て替えて**もらった。 친구가 회식 계산을 대신 내 주었다.
180 명	**援助**〈する〉 えんじょ 원조＜하다＞/ 도와주다	生活が苦しくて、親に**援助して**もらった。 생활이 어려워서 부모에게 도움을 받았다.
181 명	**返済**〈する〉 へんさい 변제＜하다＞/ 갚다	次のボーナスで親に借金を**返済し**よう。 다음 보너스로 부모님 빚을 갚자.
182 명	**安定**〈する〉 あんてい 안정＜하다＞	①やっと、日本での生活が**安定して**きた。 ②この機械は**安定した**ところに置いてください。 ① 이제 겨우 일본에서의 생활이 안정되었다. ② 이 기계는 안정된 곳에 두세요.

➕ 安定感 안정감・不安定な 불안정한
　あんていかん　　　ふあんてい

👉 ① 큰 변화가 없다 ② 신체적으로 안정적이며, 어딘가에 놓였을 때 흔들리거나 넘어지지 않음

Chapter 2

이것도 외우자! ❺

접사 : 금전①　接辞：金銭①
　　　　　　　　せつじ　きんせん

•～費

教育費 _{きょういく ひ}	교육비
学費 _{がく ひ}	학비
会費 _{かい ひ}	회비
食費 _{しょく ひ}	식비
交際費 _{こうさい ひ}	교제비
住居費 _{じゅうきょ ひ}	주거비
光熱費 _{こうねつ ひ}	광열비
生活費 _{せいかつ ひ}	생활비
人件費 _{じんけん ひ}	인건비
医療費 _{い りょう ひ}	의료비

Section 3

식사

食事（しょくじ）

183	**好き嫌い**（すききらい） 명 좋고 싫음 / 호불호	子どもの頃から好き嫌いが多かった。 어릴 때부터 가리는 게 많았다.
184	**好物**（こうぶつ） 명 좋아하는 음식	私の好物は肉料理と甘い物だ。 내가 좋아하는 음식은 고기 요리와 단 것이다.

➕ 大好物（だいこうぶつ） 가장 좋아하는 것

185	**飽きる**（あきる） 동 질리다	味の濃い料理は、すぐ飽きる。 맛이 진한 요리는 금방 질린다.
186	**物足りない**（ものたりない） イ형 어딘지 불만스럽다 / 뭔가 부족하다	この料理は、まずくはないが、物足りない気がする。 이 요리는 맛이 없는 것은 아니지만 뭔가 부족한 느낌이 든다.
187	**ボリューム** 명 볼륨 / 분량 / 양	① この店の料理は、とてもボリュームがある。 ② すみませんが、少しボリュームを下げてください。 ① 이 가게의 요리는 아주 양이 많다. ② 죄송하지만 조금 볼륨을 낮춰 주세요.

👍 ① 양 ② 오디오 음량

188	**一口**（ひとくち） 명 한 입	① 彼は寿司を一口で食べた。 ② 彼女は納豆を一口食べて、二度と食べなかった。 ① 그는 초밥을 한 입에 먹었다. ② 그녀는 낫토를 한 입 먹고 두 번 다시 먹지 않았다.

👍 ① 한 입에 먹다 ② 음식이나 음료를 조금씩 먹다

189	**かじる** 동 베어 물다	りんごを一口かじってみたが、固くて食べられなかった。 사과를 한 입 베어 물어봤지만 딱딱해서 먹을 수 없었다.

Chapter 2

190	ひとたび	この肉は、ひとたび食べたら、また食べたくなる味だ。
부	한 번 / 일단	이 고기는 한 번 먹으면 다시 먹고 싶어지는 맛이다.

👍 いったん 과 一度의 격식있는 표현

191	うまい	①こんなにうまいラーメンは食べたことがない。 ②スピーチがうまい人が、うらやましい。
イ형	맛있다 / 잘한다	① 이렇게 맛있는 라면은 먹어 본 적이 없다. ② 스피치를 잘하는 사람이 부럽다.

👍 ① 음식이 맛있다 ② 무언가를 잘하다

192	いける	①彼女はお酒が、かなりいける。 ②彼はスポーツなら、何でもいける。
동	잘한다	① 그녀는 술을 꽤 잘 마신다. ② 그는 스포츠라면 무엇이든 잘한다.

👍 ① 술을 마실 수 있다 ② 잘 할 수 있다. (부정적인 형태 "いけない"를 사용하지 않는다)

193	渋い	①お茶は渋い方が好きだ。 ②まだ30代なのに、彼の趣味はとても渋い。
イ형	떫다 / 수수하다 / 차분한 멋이 있다	① 차는 떫은 편이 좋다. ② 아직 30대인데 그의 취미는 매우 수수하다.

👍 ① 혀가 따끔거리는 느낌 ② 침착하고 차분한 인상

194	くどい	①この料理はおいしいが、ちょっとくどい味だ。 ②また同じ話をしている。本当にくどい人だ。
イ형	장황하다 / 집요하다 (맛이) 느끼하다	① 이 요리는 맛있지만 조금 느끼한 맛이다. ② 또 같은 얘기를 하고 있다. 정말 집요한 사람이다.

👍 ① 너무 진한 색이나 맛 ② 같은 일을 반복해서 하는 것

195	ファミレス	昼ご飯はファミレスで食べた。
명	패밀리 레스토랑	점심은 패밀리 레스토랑에서 먹었다.

= ファミリーレストラン

196	フルコース	彼にフランス料理のフルコースを、ごちそうしてもらった。
명	풀 코스	그에게 프랑스 요리 풀 코스를 대접받았다.

Section 3

197　オーダー〈する〉
名　주문 < 하다 >

オーダーをうかがって、よろしいでしょうか。
주문을 여쭤봐도 될까요?

198　催促〈する〉
名　재촉 < 하다 >

料理がなかなか来ないので、催促した。
요리가 좀처럼 나오지 않아서 재촉했다.

199　会計〈する〉
名　회계 < 하다 >

カードで会計を済ませた。
카드로 계산을 끝냈다.

➕ 勘定〈する〉 계산 < 하다 >

200　バイキング
名　바이킹 / 뷔페

お昼はバイキングで、食べ過ぎてしまった。
점심은 뷔페에서 과식해 버렸다.

➕ ビュッフェ 뷔페

201　トレイ
名　트레이 / 식판

ビュッフェでトレイの上に食べたいものを載せた。
뷔페에서 식판 위에 먹고 싶은 것을 담았다.

👉 トレーとも書く

202　器
名　그릇

美しい器で食べる料理は本当においしい。
아름다운 그릇으로 먹는 요리는 정말 맛있다.

203　重ねる
動　겹치다

① 回転寿司では、重ねた皿を数えて代金を払う。
② わがままだった弟が、年を重ねて立派な人になった。

① 회전초밥집에서는 쌓인 접시를 세어서 대금을 지불한다.
② 제멋대로였던 남동생이 해를 거듭하며 훌륭한 사람이 되었다.

👉 ① 어떤 것을 다른 것 위에 올려놓다 ② 무언가를 반복하다

204　ずらり [と]
副　즐비하게 / 죽

パーティーの会場にずらりとごちそうが並んだ。
파티 회장에 즐비하게 진수성찬이 널렸다.

➕ ずらっと 줄줄이

Chapter 2

205	主食 しゅしょく	日本人の主食は米だ。
명	주식	일본인의 주식은 쌀이다.

206	生 なま	この魚は新鮮なので、生で食べられる。
명	생	이 생선은 신선해서 생으로 먹을 수 있다.

➕ 生野菜 생야채 · 生ビール 생맥주
　　なまやさい　　　　　なま

207	なま物 もの	夏はなま物が腐りやすいので、注意する。
명	날 것	여름은 날 것이 상하기 쉽기 때문에 주의한다.

208	特製 とくせい	私の特製ケーキで彼の誕生日を祝う。
명	특제	내 특제 케이크로 그의 생일을 축하한다.

209	粗末な そまつ	①最近、粗末な食生活が続いている。 ②親を粗末にしてはいけない。
ナ형	허술한 / 빈약한 / 소홀히 다루는 모양	① 요즘 빈약한 식생활이 계속되고 있다. ② 부모를 소홀히 해서는 안된다.

👍 ① 최종 결과와 품질이 좋지 않다 ② 무엇을 제대로 다루지 않고 부주의하다

Section 3

이것도 외우자! ❻

접사 : 금전②　接辞：金銭②

● ~代

電話代	전화 요금
部屋代	방세
電気代	전기 요금
ガス代	가스 요금
バイト代	아르바이트비
バス代	버스 요금
電車代	전철 요금
食事代	식사비
品代	물건값

Section 4

쇼핑

買い物（かいもの）

210	購入〈する〉 こうにゅう	重たい物はインターネットで購入する。
名	구입 < 하다 >	무거운 물건은 인터넷으로 구입한다.

⇔ 販売〈する〉
はんばい

211	[お] 買い得 か どく	スーパーのお買い得商品を毎日チェックしている。
名	싸게 사서 득을 봄 / 염가	슈퍼의 염가 상품을 매일 체크하고 있다.

212	手頃な て ごろ	あの店には、学生に手頃な値段の物がたくさんある。
ナ형	알맞음 / 적당	저 가게에는 학생에게 적당한 가격의 물건이 많이 있다.

213	値引き〈する〉 ね び	デパートの食品売り場は夜8時になると、値引きする。
名	할인 < 하다 >	백화점 식품 판매장은 밤 8시가 되면 할인한다.

= まける

214	おまけ〈する〉	①近くの八百屋で100円おまけしてくれた。 ②りんごを買ったら、みかんをおまけしてくれた。
名	값을 깎음 / 덤 < 하다 >	① 근처의 채소 가게에서 100 엔 깎아주었다. ② 사과를 샀더니 귤을 덤으로 줬다.

👍 ① 특별히 할인해주다 ② 서비스로 추가 상품을 주다

215	返品〈する〉 へんぴん	ネットの写真と違う商品が届いたので、返品した。
名	반품 < 하다 >	인터넷 사진과 다른 상품이 도착해서 반품했다.

216	返金〈する〉 へんきん	商品の代金は返金してもらえたが、手数料を取られた。
名	환불 < 하다 >	상품의 대금은 환불받았지만 수수료를 떼었다.

Section 4

217 価格 (かかく)
〈名〉 가격
二つのスーパーが価格の競争をしている。
두 슈퍼가 가격 경쟁을 하고 있다.

218 高価な (こうかな)
〈ナ形〉 고가의 / 비싼
ネットでは高価な物は買わないことにしている。
인터넷으로는 비싼 물건은 사지 않기로 했다.
↔ 安価な (あんか)

219 金額 (きんがく)
〈名〉 금액
この店では買った金額によって、くじ引きができる。
이 가게에서는 산 금액에 따라 제비뽑기를 할 수 있다.

220 価値 (かち)
〈名〉 가치
この絵は20年後には価値が上がるだろう。
이 그림은 20년 후에는 가치가 올라갈 것이다.
➕ 価値観 (かちかん) 가치관

221 品質 (ひんしつ)
〈名〉 품질
品質のいい物を買うようにしている。
품질 좋은 물건을 사도록 하고 있다.

222 消費税 (しょうひぜい)
〈名〉 소비세
この価格には消費税が入っていますか。
이 가격에는 소비세가 들어있습니까?

223 オークション
〈名〉 옥션 / 경매
ネットオークションでバッグを買ってみた。
인터넷 옥션으로 가방을 사보았다.

224 名物 (めいぶつ)
〈名〉 명물
最近は、地方の名物がネットで買える。
요즘은 지방의 명물을 인터넷으로 살 수 있다.
➕ 特産 (とくさん) 특산・名産 (めいさん) 명산

225 取り寄せる (とりよせる)
〈動〉 주문
一年に数回、北海道のお菓子を取り寄せている。
일년에 몇 번 홋카이도의 과자를 주문하고 있다.
➕ [お] 取り寄せ (とりよせ) 〈する〉 예약 주문 < 하다 >

Chapter 2

226 扱う
① あの店では食品は扱っていない。
② 子どもでも、一人の人間として扱うべきだ。

동 취급하다
① 저 가게에서는 식품은 취급하지 않는다.
② 어린이라도 하나의 사람으로 취급해야 한다.

➕ ①取り扱う 다루다

👍 ① 매장에서 상품으로 판매하다 ② 상황이나 지위를 고려하면서 적절한 조치를 취하다

227 買い換(替)える
そろそろ車を買い換えようと考えている。

동 새로 사서 바꾸다
서서히 자동차를 새로 사려고 생각하고 있다.

➕ 買い換(替)え 새로 사서 바꿈 / 교체

228 売り出す
A社から新しい車が売り出された。

동 팔다 / 발매하다
A 사에서 새로운 차가 발매되었다.

➕ 発売〈する〉 발매〈하다〉

229 チラシ
デパートのチラシでバーゲンを知った。

명 전단지
백화점 전단지로 세일을 알았다.

230 切り取る
支払いのときに、この券を切り取って出すと安くなる。

동 오려내다 / 잘라 내다
지불 할 때 이 티켓을 잘라서 내면 저렴해진다.

231 パック〈する〉
① いちごを2パック買った。
② お風呂の後、パックしてから寝る。

명 팩 / 얼굴 팩 <하다>
① 딸기를 두 팩 샀다.
② 목욕 후 얼굴 팩을 하고 나서 잔다.

👍 ① 한 묶음으로 판매하는 것 ② 마스크팩

232 包装〈する〉
家で使う物は包装を簡単にしてもらう。

명 포장 < 하다 >
집에서 사용하는 물건은 포장을 간단하게 해 받는다.

233 試食〈する〉
デパートで試食してから、お菓子を買った。

명 시식 < 하다 >
백화점에서 시식하고 나서 과자를 샀다.

➕ 試飲〈する〉 시음 < 하다 >

Section 4

234	試着〈する〉	スカートは試着して買わないと心配だ。
名	시착<하다>/입어보다	스커트는 입어보고 사지 않으면 걱정이다.

➕ 試着室 피팅룸

235	わりあい［に］	いい物がわりあい安く買えた。
副	비교적/~에 비해	좋은 물건을 비교적 저렴하게 살 수 있었다.

236	ダブる	同じ本をダブって買ってしまった。
動	중복되다/겹치다	같은 책을 중복구매 해 버렸다.

237	よす	無駄づかいはよしなさい。
動	중지하다	돈 낭비를 그만둬라.

238	わりと	あの店は広くないが、わりと商品が充実している。
副	꽤/비교적	그 가게는 넓진 않지만 비교적 상품이 충실하다.

239	実物	届いた商品の実物が写真と全く違う。
名	실물	도착한 상품의 실물이 사진과 전혀 다르다.

240	粒	粒が大きい真珠は値段が高い。
名	알	알이 큰 진주는 값이 비싸다.

241	スペース	ここは障がい者が駐車するスペースです。
名	공간/스페이스	이곳은 장애인이 주차하는 공간입니다.

Section 5
시간을 나타내는 말
時を表す言葉 (ときをあらわすことば)

242 現在 (げんざい)
명 현재
実家を出て、現在は一人暮らしです。
본가를 나와서 현재는 혼자 살고 있습니다.

243 過去 (かこ)
명 과거
過去は忘れて、未来に向かって進もう。
과거는 잊어버리고 미래를 향해서 나아가자.

244 年月 (ねんげつ)
명 연월 / 세월
長い年月をかけて、この木はこんなに成長した。
오랜 세월에 걸쳐 이 나무는 이렇게 성장했다.

245 月日 (つきひ)
명 월일 / 날짜 / 세월
月日が経つのは本当に早いものだ。
세월이 흐르는 것은 정말로 빠르다.

246 日時 (にちじ)
명 일시
忘年会の日時はメールでお知らせします。
망년회 / 송년회 일시는 메일로 알려드리겠습니다.

➕ 日程 (にってい) 일정

247 今日 (こんにち)
명 오늘 / 오늘날
今日の世界には多くの問題がある。
오늘날의 세계에는 많은 문제가 있다.

248 年代 (ねんだい)
①これは1980年代に流行したファッションだ。
②彼女と私では年代が全く違う。
명 연대 / 연령대
① 이것은 1980년대에 유행한 패션이다.
② 그녀와 나는 연령대가 전혀 다르다.

👍 ① 특정한 시대의 기간 ② 비슷한 연령 (20대, 50대 등)

249 年間 (ねんかん)
명 연간
年間の訪日観光客が急に増えた。
연간 방일관광객이 급격하게 늘었다.

Section 5

250	**年中** ねんじゅう	この店は年中無休だ。(名) 父は年中ゴルフばかりしている。(副)
명/부	연중 / 일년 내내	이 가게는 연중무휴다. 아빠는 일년 내내 골프만 치고 있다.
251	**本年** ほんねん	本年もよろしくお願いします。
명	올해	올해도 잘 부탁드립니다.
252	**日中** にっちゅう	日中は天気がよく、暖かかった。
명	주간 / 낮	낮에는 날씨가 좋고 따뜻했다.
253	**夜間** やかん	この辺りで夜間の一人歩きは危険だ。
명	야간	이 근처에서 야간에 혼자 걷는 것은 위험하다.
254	**ただ今** いま	田中はただ今席を外しております。(副)
명/부	지금	다나카는 지금 자리를 비우고 있습니다.
255	**先ほど** さき	先ほどアメリカ出張から戻りました。
부	방금 / 아까 / 조금 전	방금 미국 출장에서 돌아왔습니다.
		↔ 後ほど のち
256	**近々** ちかぢか	近々そちらにお邪魔したいと思います。
부	머지않아 / 조만간	조만간 그쪽으로 찾아뵙고 싶다고 생각합니다.
257	**後日** ごじつ	詳しいことは後日決めましょう。
명	나중에 / 추후에	자세한 것은 추후에 결정합시다.
258	**やがて**	今は小雨だが、やがて雨も風も強くなるだろう。
부	곧 / 머지않아	지금은 가랑비지만 머지않아 비도 바람도 강해질 것이다.
259	**いずれ**	いずれ子ども達も自立して、家を出ていく。
부	언젠가	언젠가 아이들도 자립해서 집을 나간다.

Chapter 2

260 **今後** こんご 명/부 향후 / 앞으로	<u>今後</u>の連絡は、新しいアドレスにお願いします。(名) 앞으로의 연락은 새 주소로 부탁드립니다.
261 **すでに** 부 벌써 / 이미	日本に来たとき、<u>すでに</u>桜の季節は終わっていた。 일본에 왔을 때 이미 벚꽃의 계절은 끝났었다.
262 **あらかじめ** 부 미리 / 사전에	会議の予定を<u>あらかじめ</u>教えてください。 회의 예정을 사전에 알려 주십시오. 　　　　　　　　　　　　　　　　　　　🟰 事前に
263 **従来** じゅうらい 명/부 원래 / 기존의	<u>従来</u>のやり方を、そろそろ変えた方がいい。(名) 기존의 방식을 서서히 바꾸는 편이 좋다.
264 **あくる～** 연체 다음의 / 이듬	大雪が降った。<u>あくる</u>朝、外は真っ白だった。 큰 눈이 내렸다. 다음날 아침 밖은 새하얬다. 　　　　　　　　　　　　　　　　➕ あくる日 다음 날
265 **一時** いちじ 명/부 일시 / 잠시	事故で<u>一時</u>、電車が止まった。(副) 사고로 잠시 전차가 멈추었다. 　　　　　　　　　　　　　　　　➕ いっとき 잠시
266 **一生** いっしょう 명/부 일생 / 평생	<u>一生</u>のお願いです。私の話を聞いてください。(名) この感謝の気持ちは<u>一生</u>忘れません。(副) 평생의 소원입니다. 제 말을 들어 주세요. 이 감사의 마음은 평생 잊지 못할 것입니다.
267 **永遠に** えいえん 부 영원히	この愛は<u>永遠に</u>続く。 이 사랑은 영원히 계속된다. 　　　　　　　　　　　➕ 永久に 영구히 / 영원히 　　　　　　　　　　　　えいきゅう

Section 5

이것도 외우자! ❼

➕ 접사 : 금전③　接辞(せつじ) : 金銭(きんせん)③

• ～料(りょう)

使用料(しようりょう)	사용료
保険料(ほけんりょう)	보험료
授業料(じゅぎょうりょう)	수업료
サービス料(りょう)	서비스 요금
送料(そうりょう)	배송료
手数料(てすうりょう)	수수료
入場料(にゅうじょうりょう)	입장료
レンタル料(りょう)	대여료

• ～賃(ちん)

家賃(やちん)	집세
運賃(うんちん)	운임 / 운송료
電車賃(でんしゃちん)	전철 요금

N2
Chapter
3
집에서

家で
いえ

			단어 No.
1	아침	朝 あさ	268~288
2	일과	日課 にっか	289~310
3	요리	料理 りょうり	311~333
4	가사	家事 かじ	334~362
5	이사	引っ越し ひっこし	363~384

Section 1

아침
朝（あさ）

268	夜明け よあ	最近、夜明け頃に一度目が覚める。 さいきん よあ ごろ いちどめ さ
명	새벽	요즘 새벽녘에 한 번 잠이 깬다.

➕ 明け方 새벽녘/동틀녘
　あ　がた

269	起床〈する〉 きしょう	毎朝、6時に起床している。 まいあさ じ きしょう
명	기상 < 하다 >	매일 아침 6 시에 기상하고 있다.

↔ 就寝〈する〉　➕ 起床時間 기상시간
　しゅうしん　　　　きしょうじかん

270	もたれる	①壁にもたれて、歯をみがく。 　かべ　　　　　　は ②この料理は胃にもたれる。 　　　りょうり い
동	기대다 / 더부룩하다	① 벽에 기대어 이를 닦는다. ② 이 요리는 위에 부담된다.

👍 ① 딱딱한 것에 기대다 ② 뱃속에서 소화되지 않은 음식의 느낌

271	フレッシュな	毎朝、フレッシュな野菜ジュースを作って飲んでいる。 まいあさ やさい つく の
ナ형	신선한 / 프레시한	매일 아침 신선한 야채주스를 만들어 마시고 있다.

272	乳製品 にゅうせいひん	朝ご飯は乳製品とサラダだ。 あさ はん にゅうせいひん
명	유제품	아침밥은 유제품과 샐러드다.

273	洗い物 あら もの	食事が終わったら、洗い物をする。 しょくじ お あら もの
명	설거지	식사가 끝나면 설거지를 한다.

274	欠かす か	毎朝欠かさず、ジョギングをする。 まいあさ か
동	빼먹다 / 거르다	매일 아침 거르지 않고 조깅을 한다.

275	配達〈する〉 はいたつ	朝、新聞配達のバイトをしている。 あさ しんぶんはいたつ
명	배달 < 하다 >	아침에 신문배달 아르바이트를 하고 있다.

➕ 新聞配達 신문배달
　しんぶんはいたつ

Chapter 3

276 見出し [名]
みだ
제목

ネットニュースの見出しをざっと見る。
인터넷 뉴스 제목을 훑어본다.

277 一切（〜ない）[副]
いっさい
일절 / 전혀 (~ 않다)

私は新聞を一切読まない。
나는 신문을 전혀 읽지 않는다.

👉 또한 " 모두 / 전부 " 를 의미하는 명사

278 合間 [名]
あいま
사이 / 틈

洗濯の合間にネットでニュースを読む。
세탁하는 틈틈이 인터넷으로 뉴스를 본다.

279 てきぱき[と]〈する〉[副]
일을 척척 잘 해내는
모양 / 신속 < 하다 >

家事をてきぱきと片付け、出かける準備をする。
집안일을 신속하게 정리하고 나갈 준비를 한다.

280 間 [名]
ま
사이 / 짬 / 틈 / 겨를

出かけるまでに少し間がある。
외출하기까지 조금 짬이 있다.

281 周辺 [名]
しゅうへん
주변

毎日、公園の周辺を30分歩く。
매일 공원 주변을 30 분 걷는다.

282 周囲 [名]
しゅうい
주위

朝ご飯の前に、家の周囲を犬と散歩する。
아침 식사 전에 집 주위를 개와 산책한다.

283 あと [副]
앞으로 / 아직

あと5分でバスが来る。急がなきゃ。
앞으로 5 분이면 버스가 온다. 서둘러야 한다.

284 すれ違う [動]
ちが
스쳐 지나가다

ごみを出しに行くと、いつも隣の人とすれ違う。
쓰레기를 버리러 나가면 항상 이웃집 사람과 스쳐 지나간다.

285 はう [動]
기다

コンタクトを落として、床の上をはって探した。
콘택트렌즈를 떨어뜨려서 마룻바닥 위를 기어서 찾았다.

➕ はいはい〈する〉 배밀이 < 하다 >

Section 1

286 替える
か
(동) 바꾸다 / 교환하다

出かける前にバッグを替えた。
나가기 전에 가방을 바꾸었다.

➕ 換える 바꾸다 / 교환하다

287 整える
ととの
(동) 갖추다 / 정돈하다 / 가지런히 하다

① 服装を整えて、出かける。
② この病院は最新の設備を整えている。

① 복장을 갖추고 외출한다.
② 이 병원은 최신 설비를 갖추고 있다.

➕ (〜が) 整う (〜이) 가지런하다 / 정돈되다

👉 ① 적절하게 보이게 하다 ② (장비 / 설비) 가 갖추어지다

288 ろくに (〜ない)
(부) 제대로 / 충분히 (〜 않다)

この頃ろくに寝ていないので、午前中は眠い。
요즘 제대로 자지 않아서 오전 중에는 졸리다.

➕ ろくな (〜ない) 제대로 된 (〜 않다)

Section 2

일과

日課（にっか）

| 289 **めりはり** 名 강약 장단 / 탄력 | 日課を決めて、生活にめりはりをつけている。
일과를 정해서 생활에 탄력을 주고 있다. |

| 290 **何度も**（なんども）부 여러 번 | 一日に何度も歯をみがく。
하루에 몇 번씩 이를 닦는다. |

| 291 **ほぼ** 부 대략 / 거의 | ほぼ毎日、彼にSNSでメッセージを送る。
거의 매일 그에게 SNS로 메시지를 보낸다. |

| 292 **寄り道〈する〉**（よりみち）명 (지나는 길에) 들름 | 帰る途中でスーパーに寄り道する。
돌아가는 도중에 슈퍼에 들른다. |

| 293 **食物**（しょくもつ）명 식물 / 음식 | 食物アレルギーの表示を見ながら買い物をする。
음식물 알러지 표시를 보면서 쇼핑을 한다. |

| 294 **換気〈する〉**（かんき）명 환기 < 하다 > | 家に帰ったら、まず窓を開けて換気する。
집에 돌아가면 먼저 창문을 열어 환기한다. |

➕ 換気せん（かんき） 환풍기

| 295 **いったん** 부 일단 | いったん家に帰ってから、食事に出かける。
일단 집에 돌아갔다가 식사하러 나간다. |

| 296 **物干し**（ものほ）명 건조대 | 洗濯物を物干しから外して、中にしまう。
세탁물을 건조대에서 걷어서 안에 들여놓는다. |

➕ 物干しざお（ものほ） 건조대

| 297 **食卓**（しょくたく）명 식탁 | ご飯を食べる前に、食卓をきれいにふく。
밥을 먹기 전에 식탁을 깨끗하게 닦는다. |

| 298 **後回し**（あとまわ）명 연기 / 뒤로 미룸 | 食事を後回しにして、宿題を片付ける。
식사를 뒤로 미루고 숙제를 마친다. |

Section 2

299	削る けず	① 寝る時間を削って、受験勉強をしている。 ② 弟は鉛筆が上手に削れない。
동	줄이다 / 깎다	① 자는 시간을 줄여서 수험공부를 하고 있다. ② 남동생은 연필을 잘 깎지 못한다.

👉 ① 전체에서 일부를 삭제하다 ② 칼로 자르다

300	かなえる	夢をかなえるために、毎日一生懸命勉強している。
동	이루어 주다	꿈을 이루기 위해 매일 열심히 공부하고 있다.

➕ (〜が) かなう 이루어지다

301	調節〈する〉 ちょうせつ	エアコンの温度を調節する。
명	조절 < 하다 >	에어컨 온도를 조절한다.

➕ コントロール〈する〉 컨트롤 < 하다 >

302	ゆったり[と]〈する〉	① 家に帰ったら、ゆったりした気分で過ごす。 ② このパジャマはゆったりしている。
부	헐겁게 / 마음 편히 < 하다 >	① 집에 돌아오면 느긋한 기분으로 지낸다. ② 이 파자마는 헐렁하다.

👉 ① 많은 시간을 갖고 휴식을 취하다 ② 몸에 꼭 끼지 않는 옷

303	売り買い〈する〉 う か	毎日ネットのオークションで売り買いしている。
명	매매 < 하다 >/ 사고 팔다	매일 인터넷 옥션으로 매매하고 있다.

304	思い浮かべる おも う	その日の出来事を思い浮かべて、日記を書く。
동	상기하다	그날 있었던 일을 떠올려 일기를 쓴다.

➕ (〜が) 思い浮かぶ 생각이 떠오르다

305	独り言 ひと ごと	テレビを見ながら、つい独り言を言ってしまう。
명	혼잣말	텔레비전을 보면서 그만 혼잣말을 하고 만다.

306	風呂場 ふろば	毎晩、風呂場で歌を歌っている。
명	목욕탕	매일 밤 목욕탕에서 노래를 부르고 있다.

Chapter 3

307	かぐ	ハーブの匂いをかいで、リラックスする。
	동 냄새를 맡다	허브 향을 맡으면서 휴식을 취한다.

308	寝つき	寝つきが悪いので、寝るときに薬を飲む。
	명 잠듦 / 취면	취면장애가 있기 때문에 잘 때 약을 먹는다.

↔ 寝起き

309	用心〈する〉	一人暮らしなので、いつも用心している。
	명 주의 / 조심 〈하다〉	혼자 살고 있기 때문에 항상 조심하고 있다.

➕ 用心深い 조심성이 많다 / 신중하다

310	メッセージ	寝る前に、国の家族からメッセージが届いた。
	명 메시지	자기 전에 모국에 있는 가족에게서 메시지가 왔다.

Section 3

요리

料理（りょうり）

311	炊事〈する〉 すいじ 명 취사 < 하다 >	家事の中で炊事が一番好きだ。 가사 중에서 취사를 제일 좋아한다.
312	献立 こんだて 명 메뉴 / 식단	毎日献立を考えるのは大変だ。 매일 식단을 생각하는 것은 힘들다.
313	リクエスト〈する〉 명 요구 / 요청 < 하다 >/ 리퀘스트	家族のリクエストで、メニューを決める。 가족의 요청으로 메뉴를 정한다.
314	流し なが 명 싱크대 / 개수대	流しで野菜を洗う。 싱크대에서 야채를 씻는다.

➕ 流し台 싱크대

315	ちぎる 동 찢다 / 뜯다	キャベツをちぎって、鍋に入れる。 양배추를 잘게 찢어서 냄비에 넣는다.
316	冷ます さ 동 식히다	材料を冷ましてから、野菜で包む。 재료를 식히고 난 후에 야채로 싼다.
317	煮える に 동 끓이다	魚が煮えて、いい匂いがする。 생선이 익어서 좋은 냄새가 난다.
318	味付け〈する〉 あじつ 명 양념 < 하다 >	我が家の味付けは、ちょっと薄い。 우리 집 양념은 조금 싱겁다.
319	薄める うす 동 엷게 하다 / 희석하다	味が少し濃いので、水で薄めた。 맛이 조금 진해서 물로 엷게 했다.
320	甘み あま 명 단것 / 단맛	ケーキをよく作るが、甘みは控えている。 케이크를 자주 만들지만 단맛은 억제하고 있다.

Chapter 3

321 工夫〈する〉
(くふう)
명 궁리 < 하다 >

安い材料でも、工夫すれば、おいしくなる。
저렴한 재료라도 궁리하면 맛있게 된다.

322 添える
(そえる)
동 곁들이다 / 더하다

ハンバーグに、にんじんを添える。
햄버그에 당근을 곁들인다.

323 挟む
(はさむ)
동 끼우다

パンに、いろいろな材料を挟む。
빵에 여러 가지 재료를 끼워넣는다.

324 加減〈する〉
(かげん)
명 가감 / 조절 < 하다 >

この料理は調味料の加減が、ちょうどいい。
이 요리는 조미료의 조절이 딱 좋다.

➕ 味加減 간 / 맛조절・塩加減 소금간

325 固まる
(かたまる)
동 굳다 / 단단해지다

冷蔵庫に入れておいたゼリーが固まった。
냉장고에 넣어둔 젤리가 굳었다.

➕ (〜を) 固める 굳히다 / 다지다

326 なめる
동 핥다

ソースを作りながら、少しなめて、味を確かめる。
소스를 만들면서 조금 핥아 맛을 확인한다.

327 臭い
(くさい)
イ형 (고약한) 냄새가 나다

魚が焦げて、台所が臭い。
생선이 타서 부엌에서 냄새가 난다.

328 冷める
(さめる)
동 식다

スープが冷めたので、食事の前に温めた。
스프가 식어서 식사 전에 데웠다.

329 余分な
(よぶんな)
ナ형 여분의

少し余分にカレーを作って、冷凍しておく。
조금 여분으로 카레를 만들어서 냉동해둔다.

330 容器
(ようき)
명 용기

この容器は料理を冷凍するのに便利だ。
이 용기는 요리를 냉동하기에 편리하다.

➕ 入れ物 (いれもの) 용기

Section 3

331 賞味期限(しょうみきげん)
명 유통 기한

この缶詰は賞味期限が切れている。
이 통조림은 유통 기한이 지났다.

➕ 消費期限(しょうひきげん) 소비 기한

332 手作り(てづくり)
명 수제 / 직접 만듦

姉の手作りケーキはプロのような味だ。
언니 / 누나의 수제 케이크는 프로와 같은 맛이다.

➕ 手料理(てりょうり) 수제 요리 / 직접 만든 요리・お手製(おてせい) 수제 / 손수 만든 것

333 もてなす
동 대접하다

先日、手料理でお客様をもてなした。
지난 번에 손수 만든 요리로 손님을 대접했다.

➕ [お]もてなし 대접 / 환대

Section 4

가사

家事（かじ）

334	もれる	①洗濯機のホースが壊れて、水がもれてしまった。 ②いつの間にか、私の秘密がもれてしまった。
동	새다 / 누출되다	① 세탁기 호스가 고장나서 물이 새고 말았다. ② 어느샌가 내 비밀이 새어나가고 말았다.

➕ (〜を) もらす 새게 하다 / 흘러나오게 하다 / 누설하다

👉 ① 물이나 소리가 새어 나오다 ② 누군가의 비밀이 남에게 드러나다

335	ごちゃごちゃ〈な／する〉	彼の机の引き出しの中は、いつもごちゃごちゃだ。 (ナ形)
ナ형 부	엉망진창 < 인 / 하다 >	그의 책상 서랍 안은 언제나 엉망진창이다.

👉 또한 "불평하다"라는 뜻의 부사

336	元	①使ったものは元の場所に戻してください。 ②元は、ここも海だった。
명	근본 / 원래	① 사용한 것은 제자리에 갖다 놓아주세요. ② 원래는 여기도 바다였다.

➕ もともと 원래

👉 ① 기본 ② 기원

337	自動的な	この掃除機は自動的に部屋をきれいにしてくれる。
ナ형	자동적인	이 청소기는 자동으로 방을 깨끗하게 해준다.

338	さっと	人が来たので、洗濯物をさっと隠した。
부	재빨리	다른 사람이 왔기 때문에 세탁물을 재빨리 감추었다.

339	清掃〈する〉	年末の掃除は清掃会社に依頼する。
명	청소 < 하다 >	연말 청소는 청소 회사에 의뢰한다.

➕ 掃き掃除 쓰레질 · 拭き掃除 걸레질

Section 4

340 取り除く (と のぞ)
동 없애다 / 제거하다

掃除機のごみを取り除く。
청소기의 먼지를 제거한다.

341 素材 (そざい)
명 소재

洗濯の前に服の素材をチェックする。
세탁 전에 옷 소재를 체크한다.

342 表示〈する〉 (ひょうじ)
명 표시 < 하다 >

この服には素材の表示がない。
이 옷에는 소재 표시가 없다.

➕ 表示価格 (ひょうじかかく) 표기 가격

343 分類〈する〉 (ぶんるい)
명 분류 < 하다 >

表示を見ながら、洗濯物を分類する。
표시를 보면서 세탁물을 분류한다.

344 すすぐ
동 헹구다

① 洗濯機で洗濯物をすすぐ。
② 歯医者に行く前に、口をすすぐ。
① 세탁기로 세탁물을 헹군다.
② 치과에 가기 전에 입을 헹군다.

👉 ① 비누와 물로 헹구다 ② 양치질 등으로 입 안을 씻다

345 ネット
명 망 / 네트

これはネットに入れて洗った方がいい。
이것은 망에 넣어서 세탁하는 게 좋다.

➕ あみ 그물

346 吸収〈する〉 (きゅうしゅう)
명 흡수 < 하다 >

このタオルは水分をよく吸収するが、乾きやすい。
이 타월은 수분을 잘 흡수하지만 마르기 쉽다.

➕ 吸い込む (すいこむ) 빨아들이다 · 吸収力 (きゅうしゅうりょく) 흡수력

347 泥 (どろ)
명 진흙

靴についた泥が、なかなか落ちない。
신발에 묻은 진흙이 좀처럼 떨어지지 않는다.

➕ 泥だらけ (どろ) (진) 흙투성이 · 泥んこ (どろ) 흙탕 / 진창

348 知恵 (ちえ)
명 지혜

家事には昔の人の知恵が生きている。
가사에는 옛 사람의 지혜가 살아 있다.

Chapter 3

349 可燃ごみ (かねん)
명 가연 쓰레기

ここでは火曜日と金曜日が可燃ごみの日だ。
여기서는 화요일과 금요일이 가연 쓰레기의 날이다.

↔ 不燃ごみ (ふねん)

350 資源ごみ (しげん)
명 자원 쓰레기

資源ごみはリサイクルできるごみのことだ。
자원 쓰레기는 재활용할 수 있는 쓰레기를 말한다.

＋ アルミ缶 (かん) 알루미늄 캔

351 粗大ごみ (そだい)
명 대형 쓰레기

粗大ごみを捨てるときは有料だ。
대형 쓰레기를 버릴 때는 유료다.

352 古新聞 (ふるしんぶん)
명 헌 신문

古新聞が、たくさんたまっている。
헌 신문이 많이 쌓여 있다.

＋ 古雑誌 (ふるざっし) 낡은 잡지

353 分別〈する〉 (ぶんべつ)
명 분별 < 하다 >

日本は、ごみの分別がとても大変だ。
일본은 쓰레기 분리수거가 매우 힘들다.

354 ごみ袋 (ぶくろ)
명 쓰레기 봉투

スーパーでごみ袋を買う。
슈퍼에서 쓰레기 봉투를 산다.

355 生臭い (なまぐさ)
イ형 비린내가 나다

台所のごみが生臭い。
주방 쓰레기가 비린내가 난다.

356 大小 (だいしょう)
명 대소 / 크기

テレビは大小に関係なく、ごみに出せない。
텔레비전은 크기에 상관없이 쓰레기로 배출할 수 없다.

357 しゃぶる
동 입안에 넣고 핥다 / 빨다

この子はまだ指をしゃぶっている。
이 아이는 아직도 손가락을 빨고 있다.

Section 4

358 おむつ
명 기저귀

そろそろおむつを取り替える時間だ。
서서히 기저귀를 갈 시간이다.

➕ 紙おむつ 종이 기저귀

359 双子(ふたご)
명 쌍둥이

双子が生まれると、育児も2倍大変だ。
쌍둥이가 태어나면 육아도 두 배로 힘들다.

360 衣類(いるい)
명 의류 / 옷

暑くなってきたので、夏の衣類を出そう。
더워졌으니 여름 옷을 꺼내자.

361 入れ替える(いかえる)
동 교체하다 / 갈아 넣다

年に2回、夏物と冬物を入れ替える。
연 2회 여름옷과 겨울옷을 갈아 넣는다.

362 狂う(くる)
동 미치다 / 틀어지다

①最近忙しすぎて、気が狂いそうだ。
②時間が足りなくなって、予定が狂った。
① 요즘 너무 바빠서 미칠 지경이다.
② 시간이 부족해져서 예정이 틀어졌다.

👍 ① 정신적 안정을 잃음 ② 예측할 수 없는 일정의 변경

Chapter 3

이것도 외우자! ⑧

접사：용도① 接辞：用途（せつじ：ようと）①

• **～用（よう）** (～를 위한)

家庭用（かていよう）	가정용
自宅用（じたくよう）	자택용
外出用（がいしゅつよう）	외출용
婦人用（ふじんよう）	숙녀용
女性用（じょせいよう）	여성용
男性用（だんせいよう）	남성용
大人用（おとなよう）	성인용
子供用（こどもよう）	아동용
公用（こうよう）	공용
私用（しよう）	사용 / 개인용

Section 5

이사

引っ越し（ひっこし）

363	処分〈する〉 しょぶん	①壊れたコピー機を処分した。 ②学校の規則を破ったので、処分を受けた。
명	처분 < 하다 >	① 고장난 복사기를 처분했다. ② 학교 규칙을 어겨서 처분을 받았다.

👉 ① 필요하지 않은 물건을 버리다 ② 규칙을 어긴 사람을 처벌하다 /

364	不用品 ふようひん	不用品はリサイクルショップに売ろう。
명	불용품 / 필요하지 않은 물건	필요하지 않은 물건은 재활용 가게에 팔자.

365	はがす	ポスターを壁からきれいにはがす。
동	벗기다 / 벗겨내다	포스터를 벽에서 깨끗하게 벗겨낸다.

366	束 たば	本は束にして、ひもでしばる。
명	다발 / 묶음 / 뭉치	책은 다발로 하여 끈으로 묶는다.

➕ 花束 꽃다발・札束 돈다발

367	しばる	荷物のひもを、きちんとしばって運ぶ。
동	묶다	짐의 끈을 단단히 묶어서 옮긴다.

↔ ほどく ➕ 結ぶ 잇다 / 매다 / 묶다

368	段ボール だん	本を段ボールに入れて、トラックに積む。
명	골판지 / 상자 / 박스	책을 박스에 넣어서 트럭에 싣는다.

369	ガムテープ	段ボールのふたをガムテープで留める。
명	접착 테이프	상자 뚜껑을 접착 테이프로 고정한다.

370	押し込む お こ	段ボールに洋服を押し込んだ。
동	틀어넣다 / 쑤셔 넣다	박스에 옷을 쑤셔 넣었다.

Chapter 3

371	リスト	引っ越しのときに、することを<u>リスト</u>に書く。
명	리스트 / 목록	이사할 때 해야 할 일을 리스트에 적는다.

➕ リストアップ〈する〉 리스트업 < 하다 >

372	引っ掛かる	① 机の脚が<u>引っ掛かって</u>、部屋に入らない。 ② あんな話に<u>引っ掛かって</u>しまうなんて。
동	걸리다	① 책상 다리가 걸려서 방에 들어가지 않는다. ② 그런 이야기에 걸려들다니.

➕ (〜を) 引っ掛ける 걸다

👉 ① 무언가에 걸려 움직일 수 없다 ② 속임수에 넘어가다

373	持ち上げる	ベッドを<u>持ち上げて</u>、掃除機をかける。
동	들어올리다	침대를 들어 올리고 청소기를 돌린다.

374	担ぐ	隣のアパートに引っ越したので、荷物は<u>担いで</u>運んだ。
동	메다 / 짊어지다	옆 아파트로 이사해서 짐은 메어서 옮겼다.

375	くたびれる	① <u>くたびれた</u>ので、少し休もう。 ② このコートは 10 年着たので、<u>くたびれて</u>いる。
동	지치다 / 피로하다 / 후줄근하다	① 지쳤으니 조금 쉬자. ② 이 코트는 10 년 입었기 때문에 후줄근하다.

👉 ① 신체적 또는 정신적으로 피로하다 ② 오래 사용하여 형태를 잃다

376	すき間	家具の<u>すき間</u>にたまったほこりを掃く。
명	틈	가구 틈에 쌓인 먼지를 쓴다.

377	中身	段ボールから<u>中身</u>を出して、引き出しに入れる。
명	알맹이 / 실속 / 내용	상자에서 내용물을 꺼내서 서랍에 넣는다.

👉 中味라고도 쓴다

378	さっさと〈する〉	<u>さっさと</u>荷物を片付けて、のんびりしたい。
부	재빠르게 < 하다 >	재빨리 짐을 정리하고 느긋하게 쉬고 싶다.

Section 5

379 つるす
동 걸다

クローゼットに服を<u>つるす</u>。
옷장에 옷을 건다.

➕ つる 매달다 / 걸다

380 まさに
부 정말로 / 그야말로 / (이제) 막

①この部屋は駅が近いし家賃も安い。<u>まさに</u>理想的だ。
②<u>まさに</u>家を出ようとしていたとき、地震が起きた。

① 이 방은 역이 가깝고 집세도 싸다. 그야말로 이상적이다.
② 막 집을 나가려고 할 때 지진이 일어났다.

👉 ① 의심의 여지없이 / 진심으로 ② 딱 / ~하는 바로 그 순간에

381 居心地
명 어떤 자리에서 느끼는 기분

今度の部屋は、とても<u>居心地</u>がいい。
이번 방은 지내기에 매우 편하다.

➕ 座り心地 앉은 기분 · 乗り心地 승차감 · 着心地 착용감

382 一変〈する〉
명 일변 / 완전 변화 <하다>

日本で暮らし始めた日から、生活が<u>一変した</u>。
일본에서 살기 시작한 날부터 생활이 완전히 변했다.

383 アンテナ
명 안테나

①テレビの<u>アンテナ</u>が古かったので、取り替えた。
②彼女は好奇心旺盛で、いつも<u>アンテナ</u>を張っている。

① 텔레비전 안테나가 낡아서 교체하였다.
② 그녀는 호기심이 왕성해서 항상 촉각을 곤두세우고 있다.

👉 ① 전파를 잡는 장치 ② 정보를 찾고 그것을 잡을 수 있는 능력

384 いっそ
부 차라리

また海に行ったの? <u>いっそ</u>沖縄で暮らしたら?
또 바다에 간거야? 차라리 오키나와에서 사는 게 어때?

Chapter 3

이것도 외우자! ❾

➕ 접사 : 용도② 接辞：用途②
　　　　　　　　せつじ　ようと

● **〜向き** (〜에 적합한)
　　む

子供向き こどもむ	아이들에게 적합한
高齢者向き こうれいしゃむ	고령자에게 적합한
老人向き ろうじんむ	노인에게 적합한
独身向き どくしんむ	독신에게 적합한
単身者向き たんしんしゃむ	독신에게 적합한

Section 5

이것도 외우자! ⑩

➕ 접사 : 용도③　接辞(せつじ) : 用途(ようと)③

• **~向(む)け** (~를 대상으로 한)

子供向(こどもむ)け	아동용
若者向(わかものむ)け	청년용
学生向(がくせいむ)け	학생용
女性向(じょせいむ)け	여성용
男性向(だんせいむ)け	남성용
主婦向(しゅふむ)け	주부용
ＯＬ向(む)け	OL(Office Lady) 용
国内向(こくないむ)け	국내용
外国人向(がいこくじんむ)け	외국인용
海外向(かいがいむ)け	해외용

N2
Chapter
4
도시

町
まち

			단어 No.
1	도시	町 まち	385~408
2	관공서	役所 やくしょ	409~431
3	고향	ふるさと	432~451
4	교통	交通 こうつう	452~479
5	산업	産業 さんぎょう	480~501

Section 1

도시

町（まち）

385 街 (まち) ⑲ 거리 / 시가	午後から街にショッピングに出かけた。 오후부터 거리로 쇼핑하러 나갔다.
386 都市 (とし) ⑲ 도시	この町は人口も増えて、立派な都市になった。 이 동네는 인구도 늘어서 훌륭한 도시가 되었다.

➕ 大都市 대도시・地方都市 지방도시・都会 도회지 / 도시

387 下町 (したまち) ⑲ 시내	私は東京の下町生まれだ。 나는 도쿄 시내에서 태어났다.
388 土地 (とち) ⑲ 토지	東京は土地の値段がとても高い。 도쿄는 토지 가격이 무척 비싸다.
389 活気 (かっき) ⑲ 활기	若者が多い町は活気がある。 젊은 사람이 많은 도시는 활기가 있다.
390 人通り (ひとどお) ⑲ 사람의 왕래	商店街は人通りが多くて、にぎやかだ。 상점가는 사람의 왕래가 많고 붐빈다.
391 絶える (た) ⑲ 끊기다	電車が出発すると、駅前の人通りが絶えた。 전철이 출발하자 역 앞의 사람의 왕래가 끊겼다.
392 坂 (さか) ⑲ 언덕	ここは坂の多い町として知られている。 이곳은 언덕이 많은 마을로 알려져 있다.
393 辺り (あた) ⑲ 주변	この辺りは公園が多く、散歩にぴったりだ。 이 주변은 공원이 많아 산책에 제격이다.
394 付近 (ふきん) ⑲ 부근	公園の付近に桜が咲いている。 공원 부근에 벚꽃이 피어 있다.

Chapter 4

395 住宅 (じゅうたく)
명 주택
この辺りは高級な住宅が多い。
이 주변은 고급 주택이 많다.

➕ 住まい 주거 · 住宅街 주택가

396 地区 (ちく)
명 지구
ここは学校や幼稚園が多い地区だ。
이곳은 학교와 유치원이 많은 지구다.

397 エリア
명 영역 / 구역
公園の中に入ってはいけないエリアがある。
공원 안으로 들어가면 안되는 구역이 있다.

➕ 区域 구역 · 地帯 지대

398 中間 (ちゅうかん)
명 중간
家と駅の中間に、おしゃれなカフェがある。
집과 역 중간에 세련된 카페가 있다.

399 境 (さかい)
명 경계
隣の町との境に川が流れている。
이웃 마을과의 경계에 강이 흐르고 있다.

400 斜め 〈な〉 (なな)
명 / ナ형 경사짐 / 비스듬함 / 대각선
郵便局の斜め前に新しいコンビニができた。(名)
우체국 대각선 앞에 새로운 편의점이 생겼다.

➕ 斜め後ろ 대각선 뒤

401 抽選 〈する〉 (ちゅうせん)
명 추첨 < 하다 >
商店街の抽選で温泉旅行が当たった。
상점가 추첨으로 온천 여행이 당첨되었다.

➕ くじ引き 제비뽑기 / 추첨

402 避難 〈する〉 (ひなん)
명 피난 / 대피 < 하다 >
地震のときは、近くの公園に避難する。
지진 때는 가까운 공원으로 대피한다.

➕ 避難場所 피난장소

403 訓練 〈する〉 (くんれん)
명 훈련 < 하다 >
この町では一年に一回、避難訓練を行う。
이 도시에서는 일 년에 한 번 대피 훈련을 실시한다.

Section 1

404 見回る
동 둘러보다

毎晩パトカーが住宅地を見回っている。

매일 밤 순찰차가 주택지를 둘러보고 있다.

➕ 見回り 순찰

405 築く
동 구축하다 / 쌓다

ここでは住民同士がいい関係を築いている。

이곳에서는 주민들끼리 좋은 관계를 맺고 있다.

406 見当
명 예상 / 짐작

この町が20年後にどうなっているか、見当がつかない。

이 마을이 20년 후에 어떻게 되어 있을지 짐작이 가지 않는다.

407 落書き〈する〉
명 낙서 < 하다 >

近所で何軒かの家が壁に落書きされた。

근처에서 몇 채의 집이 벽에 낙서가 되어 있었다.

408 強化〈する〉
명 강화 < 하다 >

最近犯罪が多いので、住民が見回りを強化している。

최근 범죄가 많아서 주민들이 순찰을 강화하고 있다.

Chapter 4

이것도 외우자! ⑪

➕ 접사 : 때①　接辞(せつじ) : とき①

• 今(こん)~

今世紀(こんせいき)	금세기 / 이번 세기
今年度(こんねんど)	금년도 / 이번 년도
今学期(こんがっき)	금학기 / 이번 학기
今大会(こんたいかい)	금대회 / 이번 대회

• 現(げん)~

現時点(げんじてん)	현시점
現段階(げんだんかい)	현단계
現住所(げんじゅうしょ)	현주소
現政権(げんせいけん)	현정권
現物(げんぶつ)	현장
現品(げんぴん)	현품

Section 2

관공서

役所（やくしょ）

409 自治体（じちたい）
명 자치체 / 지자체

日本には都道府県、市町村などの自治体がある。
일본에는 도도부현, 시정촌 등의 자치체가 있다.

410 知事（ちじ）
명 지사

新しい知事が福祉を充実させた。
새 지사가 복지를 충실하게 했다.

➕ 市長（しちょう） 시장・町長（ちょうちょう） 읍장

411 応える（こたえる）
동 응하다 / 부응하다

今度の知事は住民の期待に応えるだろう。
이번 지사는 주민의 기대에 부응할 것이다.

412 住民（じゅうみん）
명 주민

新しい施設ができて、住民の生活が変わった。
새로운 시설이 생겨 주민의 생활이 달라졌다.

413 身分証明書（みぶんしょうめいしょ）
명 신분증

図書館でカードを作る際は、身分証明書が必要だ。
도서관에서 카드를 만들 때에는 신분증이 필요하다.

414 生年月日（せいねんがっぴ）
명 생년월일

ここに生年月日を書いてください。
여기에 생년월일을 써 주세요.

415 署名〈する〉（しょめい）
명 서명 < 하다 >

こちらに、ご署名をお願いいたします。
여기에 서명 부탁드립니다.

➕ サイン〈する〉 사인 / 서명 < 하다 >

416 修正〈する〉（しゅうせい）
명 수정 < 하다 >

住所が間違っているので、修正してください。
주소가 틀렸으니 수정해 주십시오.

➕ 修正テープ（しゅうせいテープ） 수정 테이프

417 年金（ねんきん）
명 연금

国民は国に年金保険料を納めている。
국민은 국가에 연금보험료를 납부하고 있다.

Chapter 4

418 施設 (しせつ)
명 시설

市の新しい施設が、もうすぐできる。
시의 새로운 시설이 곧 생긴다.

➕ 介護施設 개호시설 / 간호시설

419 ロッカー
명 락커 / 사물함

市のプールには無料で使えるロッカーがある。
시 수영장에는 무료로 사용할 수 있는 락커가 있다.

➕ コインロッカー 코인 락커

420 建築〈する〉(けんちく)
명 건축 < 하다 >

5年後に新しい区役所の建築が予定されている。
5년 후에 새로운 구청 건축이 예정되어 있다.

➕ 木造建築 목조 건축 · 建築家 건축가

421 リニューアル〈する〉
명 리뉴얼 < 하다 >

市民ホールがリニューアルされた。
시민 홀이 리뉴얼되었다.

422 近づける (ちかづける)
동 가까이 하다 / 가까이 대다 / 가까이 지내다

ここは危ないので、子どもを近づけないでください。
이곳은 위험하니 아이들을 접근하게 하지 마세요.

➕ (〜が) 近づく (~이/가) 가까워지다 / 접근하다

423 福祉 (ふくし)
명 복지

この町は福祉が充実している。
이 도시는 복지가 충실하게 되어 있다.

424 年度 (ねんど)
명 연도

4月から新しい年度が始まる。
4월부터 새 연도가 시작된다.

➕ 年度末 연도 말

425 交替〈する〉(こうたい)
명 교체 < 하다 >

市役所の福祉の担当者が交替した。
시청의 복지 담당자가 교체되었다.

👉 "交代する" 라고도 쓴다

Section 2

426	収集 〈する〉 しゅうしゅう	ごみ収集のルールを町のホームページで調べる。
명	수집 < 하다 >	쓰레기 수집 규칙을 마을 홈페이지에서 알아본다.

➕ ごみ収集車 쓰레기 수거차

427	配布 〈する〉 はいふ	区役所はごみ出しのルールのパンフレットを配布している。
명	배포 < 하다 >	구청은 쓰레기 배출 규칙 팜플렛을 배포하고 있다.

➕ 配付する 배부하다

👉 配付는 시험지와 같은 것을 나누어 주는 것을 의미한다.

428	処理 〈する〉 しょり	自治体がこの地域のごみを処理している。
명	처리 < 하다 >	자치체가 이 지역 쓰레기를 처리하고 있다.

429	需要 じゅよう	自治体は老人ホームの需要に応えられない。
명	수요	자치체는 노인 홈 / 요양원 수요에 대응하지 못한다.

430	提供 〈する〉 ていきょう	役所は生活に必要な情報を提供している。
명	제공 < 하다 >	관공서는 생활에 필요한 정보를 제공하고 있다.

431	用途 ようと	役所では用途のわからない支出は認められない。
명	용도	관공서에서는 용도를 모르는 지출은 인정되지 않는다.

Chapter 4

이것도 외우자! ⑫

➕ 접사 : 때 ② 　接辞(せつじ) : とき ②

• 新(しん)〜

新学期(しんがっき)	신학기
新入学(しんにゅうがく)	신입학
新入生(しんにゅうせい)	신입생
新体制(しんたいせい)	신체제
新記録(しんきろく)	신기록
新世界(しんせかい)	신세계
新体操(しんたいそう)	신체조
新天地(しんてんち)	신천지
新生児(しんせいじ)	신생아

Section 3

고향

ふるさと

432	故郷(こきょう)	故郷の母から荷物が届いた。
명	고향	고향의 엄마로부터 짐이 왔다.
433	地元(じもと)	①帰省して、地元の友達と会うのが楽しみだ。 ②食料品は地元のスーパーで買う。
명	고향 / 동네	① 귀성하여 고향의 친구와 만나는 게 기대된다. ② 식료품은 동네 슈퍼에서 산다.

👉 ① 소속된 곳 ② 살고 있는 곳

434	離(はな)れる	①ふるさとを離れて、もう10年になる。 ②駅と商店街は、かなり離れている。
동	떨어지다	① 고향을 떠난 지 벌써 10년이 된다. ② 역과 상점가는 꽤 떨어져 있다.

👉 ① 먼 곳으로 이사하다 ② 사이에 공간이나 틈이 있다.

435	つかむ	①日本でチャンスをつかんで、親に家を買いたい。 ②バスで隣にいた赤ちゃんが、私の腕をつかんだ。
동	잡다	① 일본에서 기회를 잡아서 부모님에게 집을 사드리고 싶다. ② 버스에서 옆에 있던 아기가 내 팔을 잡았다.

👉 ① ~을 완전히 소유하다 ② 손으로 꼭 쥐다

436	帰省(きせい)〈する〉	夏休みと年末の年2回は帰省する。
명	귀성 < 하다 >	여름휴가와 연말 연 2회는 귀성한다.
437	アクセス〈する〉	①この地域は東京からのアクセスが悪い。 ②市のホームページにアクセスする。
명	접근 / 접속 < 하다 >	① 이 지역은 도쿄에서 교통편이 나쁘다. ② 시 홈페이지에 접속한다.

👉 ① 교통수단을 이용하여 목적지로 이동하다 ② 인터넷에 접속하다

Chapter 4

438 改善 〈する〉
かいぜん
명 개선 < 하다 >

子どもやお年寄りのために、町の交通が改善された。

어린이와 노인들을 위해 마을 교통이 개선되었다.

➕ 改良 〈する〉 개량 < 하다 >
かいりょう

439 行事
ぎょうじ
명 행사

私の国には、いろいろな行事がある。

우리나라에는 여러 가지 행사가 있다.

440 はるか 〈な〉
ナ형 아득히 / 훨씬
부

この地方の祭りははるか昔から続いている。(副)

이 지방의 축제는 아주 오랜 옛날부터 계속되고 있다.

441 誇り
ほこ
명 자랑

自分のふるさとを誇りに思っている。

자기 고향을 자랑스럽게 생각한다.

➕ 誇る 자랑하다 / 뽐내다
ほこ

442 載る
の
동 실리다

新聞に私の国の記事が載っていて、うれしかった。

신문에 우리나라 기사가 실려있어서 기뻤다.

➕ (～を) 載せる (~을) 게재하다 / 싣다 / 올리다
の

443 宣伝 〈する〉
せんでん
명 선전 < 하다 >

ふるさとの良さを、もっと宣伝したい。

고향의 좋은 점을 더욱 선전하고 싶다.

444 作成 〈する〉
さくせい
명 작성 / 제작 < 하다 >

国の文化を紹介するポスターを作成した。

모국의 문화를 소개하는 포스터를 제작했다.

445 見慣れる
みな
동 익숙하다 / 눈에 익다

国に帰ると、見慣れた景色が変わっていた。

모국에 돌아오니 익숙한 경치가 바뀌어 있었다.

➕ 聞き慣れる 귀에 익다
き な

446 近郊
きんこう
명 근교

実家は東京の近郊にある。

본가는 도쿄 근교에 있다.

Section 3

447 描く(えが)
① 国で日本の留学生活を夢に描いていた。
② 妹がふるさとの風景を描いて、送ってくれた。

동 그리다
① 모국에서 일본 유학생활을 꿈에 그리곤 했다.
② 여동생이 고향의 풍경을 그려 보내주었다.

👉 ① 마음 속으로 상상하는 것 ② 그림이나 사진으로 보여주는 것 또한 かく라고 쓴다

448 若者(わかもの)
私の故郷では若者が減少している。

명 젊은이들
우리 고향에서는 젊은이가 감소하고 있다.

449 Uターン〈する〉(ユー)
① 大学を卒業して、Uターン就職した。
② 渋滞だ。次の角でUターンしよう。

명 유턴 < 하다 >
① 대학을 졸업하여 유턴 취업했다.
② 정체다. 다음 모퉁이에서 유턴하자.

👉 ① 어디론가 갔다가 고향으로 돌아가다 ② 이전과 반대 방향으로 차량의 방향을 바꾸는 것

450 行き来〈する〉(いゆき)
月に数回、故郷と東京を行き来している。

명 왕래 < 하다 >
한 달에 여러 번 고향과 도쿄를 왕래하고 있다.

451 担う(にな)
国の将来を担うために、日本に留学した。

동 떠맡다 / 책임지다
모국의 장래를 짊어지기 위해 일본에 유학했다.

Chapter 4

이것도 외우자! ⓑ

 접사 : 때③　接辞(せつじ) : とき③

• 再(さい)～

再利用(さいりよう)	재이용
再開発(さいかいはつ)	재개발
再発見(さいはっけん)	재발견
再試験(さいしけん)	재시험
再検討(さいけんとう)	재검토
再認識(さいにんしき)	재인식
再出発(さいしゅっぱつ)	재출발
再放送(さいほうそう)	재방송
再生産(さいせいさん)	재생산

Section 4

교통

交通（こうつう）

---

452 行き先 (いゆさき)
명 행선지 / 목적지

ホームで電車の行き先を確認する。
플랫폼에서 전철의 행선지를 확인한다.

➕ 目的地（もくてきち） 목적지

---

453 方面 (ほうめん)
명 방면

東京方面の電車が止まっているそうだ。
도쿄 방면의 전철이 멈춰 있다고 한다.

---

454 行き帰り (いゆかえ)
명 오감 / 왕복

学校への行き帰りはバスを利用している。
학교에 오고 가는 것은 버스를 이용하고 있다.

➕ 往復〈する〉 왕복〈하다〉

---

455 横断〈する〉 (おうだん)
명 횡단〈하다〉

車が行き来する道を横断するときは注意しよう。
차가 왕래하는 도로를 횡단할 때는 주의하자.

➕ 横断歩道（おうだんほどう） 횡단보도

---

456 通行〈する〉 (つうこう)
명 통행〈하다〉

この道は車は通行できない。
이 길은 차는 통행할 수 없다.

➕ 通行禁止（つうこうきんし） 통행금지・通行止め（つうこうどめ） 통행금지

---

457 歩行者 (ほこうしゃ)
명 보행자

歩行者がトラックにひかれた。
보행자가 트럭에 치였다.

➕ 通行人（つうこうにん） 통행인

---

458 絶えず (たえず)
부 끊임없이

この道路は絶えず車が通っている。
이 도로는 끊임없이 차가 다니고 있다.

➕ 次々と（つぎつぎ） 차례차례 / 잇달아

Chapter 4

459	手段 しゅだん	ここへ行くには、どの交通手段が一番早いですか。
명	수단	이곳에 가려면 어느 교통수단이 가장 빠른가요?

➕ 連絡手段 연락 수단

460	公共 こうきょう	バスも電車も公共の交通手段だ。
명	공공	버스도 전철도 공공 교통 수단이다.

461	運賃 うんちん	日本は物だけでなく、運賃も高い。
명	운임	일본은 물건뿐만 아니라 운임도 비싸다.

462	つかまる	電車がゆれるので、つり革につかまった。
동	잡다	전철이 흔들려서 손잡이를 잡았다.

463	アナウンス〈する〉	駅のアナウンスで事故を知った。
명	안내 방송 < 하다 >	역의 안내 방송으로 사고를 알았다.

➕ 車内アナウンス 차내 방송

464	見合わせる みあ	今、電車が運転を見合わせている。
동	연기하다 / 보류하다	지금 전철이 운전을 보류하고 있다.

➕ 人身事故 인사 사고 (다치거나 죽는 사고)

465	乱れる みだ	①電車の到着時間がかなり乱れている。 ②最近、若者の日本語が乱れてきた。
동	어지러워지다 / 흐트러지다 / 혼란해지다	① 전철의 도착시간이 상당히 불규칙해졌다. ② 최근 젊은이의 일본어가 흐트러졌다.

➕ (〜を) 乱す 어지럽히다 / 혼란시키다

👉 ① 정돈되어 있던 것이 혼란에 빠지다 ② 규칙과 예절이 지켜지지 않고 있다

466	再開〈する〉 さいかい	しばらくして、運転が再開された。
명	재개 < 하다 >	잠시 후 운전이 재개되었다.

467	ICカード アイシー	電車でもバスでもICカードが便利だ。
명	IC 카드	전철에서도 버스에서도 IC 카드가 편리하다.

Section 4

468 免許 (めんきょ)
名 면허
二十歳で車の運転免許を取った。
20 살에 자동차 운전 면허를 땄다.
➕ 免許証 면허증

469 左右 (さゆう)
名 좌우
自転車に乗ったら、左右をしっかり見て、交差点を曲がる。
자전거를 타면 좌우를 확실히 보고 교차로를 돈다.
➕ 前後 전후

470 直線 (ちょくせん)
名 직선
直線の道では車がスピードを出しがちだ。
직선 도로에서는 차가 속력을 내기 쉽다.

471 なだらかな
ナ形 부드러운 / 완만한
事故現場はなだらかなカーブだった。
사고 현장은 완만한 커브였다.

472 間隔 (かんかく)
名 간격
高速道路では前の車と間隔をあけて走る。
고속도로에서는 앞차와 간격을 두고 달린다.

473 スムーズな
ナ形 부드러운 / 순조로운
今日は渋滞もなく、車はスムーズに進んでいる。
오늘은 정체도 없어 차는 원활하게 달리고 있다.
➕ 円滑な 원활한

474 指す (さす)
動 가리키다
スピードメーターの針が 120 キロを指している。
속도계의 바늘이 120 킬로를 가리키고 있다.

475 のろのろ〈な / する〉
ナ形 / 副 천천히 / 느릿느릿 < 하다 >
前の車がのろのろ走っている。(副)
앞차가 느릿느릿 달리고 있다.
➕ のろい 느리다 / 둔하다 / 더디다

476 ぐるぐる [と]
副 빙글빙글
道に迷って、同じ道をぐるぐる回った。
길을 잃어 같은 길을 빙글빙글 돌았다.

Chapter 4

477 명	パンク〈する〉 펑크 / 타이어에 구멍이 남	高速道路でパンクしてしまった。 고속도로에서 펑크가 나고 말았다.
478 ナ형	慎重な しんちょう 신중한	車は慎重に運転するべきだ。 차는 신중하게 운전해야 한다.
479 관	気を抜く き ぬ 긴장을 풀다 / 방심하다	道がすいていても、気を抜いてはいけない。 길이 비어있어도 방심해서는 안된다.

Section 5

산업
産業（さんぎょう）

480	生産〈する〉 せいさん 명 생산 < 하다 >	私の田舎では米の生産が盛んだ。 우리 시골에서는 쌀 생산이 성하다.
481	供給〈する〉 きょうきゅう 명 공급 < 하다 >	需要と供給のバランスは重要だ。 수요과 공급의 밸런스는 중요하다.
482	栽培〈する〉 さいばい 명 재배 < 하다 >	この地域では、いちごを栽培している。 이 지역에서는 딸기를 재배하고 있다.
483	農家 のうか 명 농가	野菜は知り合いの農家から直接買っている。 야채는 아는 농가에서 직접 사고 있다.
484	作物 さくもつ 명 작물	農家の人達は愛情を込めて作物を育てている。 농가의 사람들은 애정을 담아 작물을 기르고 있다.
485	漁業 ぎょぎょう 명 어업	父は漁業で一家を支えている。 아빠는 어업으로 일가를 지탱하고 있다.

➕ 漁村 어촌・商業 상업・農業 농업・工業 공업

486	栄える さか 동 번영하다 / 번창하다	この島は漁業で栄えている。 이 섬은 어업으로 번창하고 있다.
487	普及〈する〉 ふきゅう 명 보급 < 하다 >	コンピューターの普及で、IT産業は成長した。 컴퓨터의 보급으로 IT 산업이 성장했다.
488	急増〈する〉 きゅうぞう 명 급증 < 하다 >	この辺りは最近観光客が急増している。 이 주변은 최근 관광객이 급증하고 있다.

➕ 激減〈する〉 격감 < 하다 >・激増〈する〉 격증 < 하다 >

Chapter 4

489 情緒(じょうちょ)
名 정서 / 분위기

この町は情緒があるので、観光客が多く訪れる。
이 도시는 분위기가 있기 때문에 관광객이 많이 방문한다.

➕ 異国情緒(いこくじょうちょ) 이국 정서

490 向上〈する〉(こうじょう)
名 향상 〈하다〉

新しい技術で、この工場の生産性が向上した。
새로운 기술로 이 공장의 생산성이 향상되었다.

491 構成〈する〉(こうせい)
名 구성 〈하다〉

地元の商品を開発するため、チームが構成された。
현지 상품을 개발하기 위해서 팀이 구성되었다.

492 重視〈する〉(じゅうし)
名 중시 〈하다〉

A国では観光やサービス産業を重視している。
A국에서는 관광이나 서비스 산업을 중시하고 있다.

493 提案〈する〉(ていあん)
名 제안 〈하다〉

地元の産業を生かした商品を提案する。
현지의 산업을 살린 상품을 제안한다.

➕ 案(あん) 안 / 방안

494 検討〈する〉(けんとう)
名 검토 〈하다〉

私の会社では新しい工場の建設を検討している。
우리 회사에서는 새로운 공장 건설을 검토하고 있다.

495 不可欠な(ふかけつ)
ナ形 불가결한 / 필요한

この国には新しい産業が不可欠だ。
이 나라에는 새로운 산업이 필요하다.

496 妨げる(さまた)
動 방해하다

古いルールが新しい産業の発展を妨げている。
낡은 규정이 새로운 산업의 발전을 방해하고 있다.

497 生える(は)
動 자라다

春になって、畑に雑草が生えてきた。
봄이 되어 밭에 잡초가 자라나기 시작했다.

👉 아기의 치아가 자라기 시작할 때 사용되기도 한다

498 著しい(いちじる)
イ形 현저한

1960年代の頃から機械工業が著しく進歩した。
1960년대 무렵부터 기계공업이 현저하게 진보했다.

Section 5

499 명	**参考** さんこう 참고	このロボットは人間や動物の動きを参考にしている。 이 로봇은 사람과 동물의 움직임을 참고하고 있다.
500 명	**リスク** 리스크 / 위험	農業には常に自然災害というリスクがある。 농업에는 항상 자연재해라는 리스크가 있다.
501 명	**現地** げんち 현지	A社は現地を調査して、新しい工場を建てた。 A사는 현지를 조사해 새로운 공장을 지었다.

N2
Chapter
5
학교에서

学校で
がっこう

			단어 No.
1	학교	学校 がっこう	502~523
2	공부	勉強 べんきょう	524~552
3	시험	試験 しけん	553~578
4	대학·대학원	大学·大学院 だいがく だいがくいん	579~609
5	컴퓨터 (스마트폰)	パソコン (スマホ)	610~632

Section 1

학교

学校（がっこう）

502 教わる (おそわる)
동 배우다

この学校で日本語だけでなく文化や習慣も教わった。
이 학교에서 일본어뿐만 아니라 문화와 관습도 배웠다.

503 願書 (がんしょ)
명 원서

大学の願書を締め切りまでに提出する。
대학 원서를 제출 기한까지 제출한다.

➕ 入学願書(にゅうがくがんしょ) 입학 원서

504 推薦〈する〉 (すいせん)
명 추천 < 하다 >

高校から大学に推薦してもらえることになった。
고등학교에서 대학에 추천을 받게 되었다.

➕ 推薦入試(すいせんにゅうし) 추천입시・推薦状(すいせんじょう) 추천장・学校推薦(がっこうすいせん) 학교 추천

505 狙う (ねらう)
동 노리다

彼は有名な私立大学を狙っている。
그는 유명한 사립대학을 노리고 있다.

506 意志 (いし)
명 의지

弟は強い意志で留学を決めた。
남동생은 강한 의지로 유학을 결정했다.

507 開始〈する〉 (かいし)
명 개시 / 시작 < 하다 >

この学校は9時に授業を開始する。
이 학교는 9시에 수업을 시작한다.

508 通常 (つうじょう)
명 부 통상 / 보통

学校は通常、土日と祝日が休みだ。(副)
학교는 보통 주말과 공휴일이 휴일이다.

509 担任〈する〉 (たんにん)
명 담임 < 하다 >

私のクラスの担任は小林先生だ。
우리 반 담임은 고바야시 선생님이다.

510 受け持つ (うけもつ)
동 맡다

田中先生は上級クラスを受け持っている。
다나카 선생님은 상급 클래스를 맡고 있다.

➕ 受け持ち(うけもち) 담당 / 담임

Chapter 5

511 委員 (いいん)
명 위원

今年はクラス委員になった。
올해는 학급 위원이 되었다.

➕ 委員会 위원회

512 なじむ
동 친숙해지다 / 익숙해지다

学校生活に、やっとなじんできた。
학교생활에 겨우 익숙해졌다.

513 充実〈する〉(じゅうじつ)
명 충실<하다>

日本に留学して以来、毎日が充実している。
일본에 유학한 이래 매일매일이 충실하다.

➕ 充実感 충실감

514 高等〈な〉(こうとう)
명 / ナ형 고등<한>

日本で高等な技術を学びたい。(ナ形)
일본에서 고등기술을 배우고 싶다.

515 ステップ
명 단계 / 승강구 계단

①進学は夢へのステップだ。
②バスのステップが低いと、高齢者が乗りやすい。
① 진학은 꿈을 향한 단계다.
② 버스의 계단이 낮으면 고령자가 타기 쉽다.

👉 ① 다음 단계 ② 버스를 타고 내릴 때 사용하는 계단

516 過程 (かてい)
명 과정

仕事の過程を上司に報告する。
업무 과정을 상사에게 보고한다.

＝ プロセス

517 取り上げる (とりあげる)
동 취급하다 / 다루다 / 빼앗다

①授業で日本の若者文化を取り上げた。
②子どもからゲームを取り上げた。
① 수업에서 일본의 젊은이 문화를 다루었다.
② 아이에게서 게임기를 빼앗았다.

👉 ① 채택하다 ② 남의 물건을 빼앗다

Section 1

518	欠ける か	①彼が欠けたら、大会に出られない。 ②固いものを食べたら、歯が欠けた。 ③無断で休むなんて、常識に欠ける。
동	빠지다 / 결여되다	① 그가 빠지면 대회에 나갈 수 없다. ② 딱딱한 것을 먹었더니 이가 빠졌다. ③ 무단으로 쉬다니 상식이 결여되었다.

👉 ① 완전한 것의 일부가 부서지다 ② 완전한 것에서 한 부분이 떨어져 나가다 ③ 있어야 할 요소가 빠져 있다.

519	優秀な ゆうしゅう	このクラスには優秀な学生が多い。
ナ형	우수한	이 클래스에는 우수한 학생이 많다.

520	修了〈する〉 しゅうりょう	3月で日本語学校を修了する。
명	수료 < 하다 >	3월에 일본어학교를 수료한다.

➕ 修了証書 수료증서

521	ふさわしい	卒業式にふさわしい服装で出席する。
イ형	적절한 / 어울리는	졸업식에 어울리는 복장으로 출석한다.

522	認識〈する〉 にんしき	学校では規則を守るように生徒に認識させる。
명	인식 < 하다 >	학교에서는 규칙을 지키도록 학생에게 인식시킨다.

➕ 認識不足 인식부족

523	語学学校 ごがくがっこう	東京の語学学校で勉強している。
명	어학 학교	도쿄의 어학학교에서 공부하고 있다.

Chapter 5

이것도 외우자! ⑭

➕ 접사 : 감정 등① 接辞:感情等①

• **~感** (자연스럽게 드는 생각, 기분)

責任感_{せきにんかん}	책임감
一体感_{いったいかん}	일체감
親近感_{しんきんかん}	친근감
満足感_{まんぞくかん}	만족감
違和感_{いわかん}	위화감
嫌悪感_{けんおかん}	혐오감
安心感_{あんしんかん}	안심감
不安感_{ふあんかん}	불안감
幸福感_{こうふくかん}	행복감

Section 2
공부
勉強（べんきょう）

524	学ぶ (まな)	日本で日本語と文化を学びたい。
동	배우다	일본에서 일본어와 문화를 배우고 싶다.

525	学習〈する〉(がくしゅう)	一日の学習時間は8時間くらいだ。
명	학습＜하다＞	하루 학습시간은 8시간 정도다.

➕ 学習法 학습법

526	学力 (がくりょく)	大学に進学できる学力をつけたい。
명	학력	대학에 진학할 수 있는 학력을 키우고 싶다.

527	教養 (きょうよう)	人には教養が必要だ。
명	교양	사람에게는 교양이 필요하다.

528	参考書 (さんこうしょ)	どの参考書がいいか、先生に教えていただいた。
명	참고서	어느 참고서가 좋은지 선생님이 가르쳐 주셨다.

➕ 問題集 문제집

529	書き込む (かきこむ)	教科書に授業のメモを書き込む。
동	기입하다 / 써넣다	교과서에 수업 메모를 기입한다.

➕ 書き込み 기입 / 쓰기

530	書き取る (かきとる)	会話問題を聞いて書き取る。
동	받아 적다	회화 문제를 듣고 받아 적는다.

➕ 書き取り 받아쓰기 · 聞き取る 듣다 / 알아듣다

531	記号 (きごう)	記号の「※」は「こめじるし」と読む。
명	기호	기호의 "※"는 "고메지루시"라고 읽는다.

Chapter 5

532 図(ず)
- 명: 그림 / 도면 / 도형
- 遠藤先生は絵と図で、わかりやすく説明する。
- 엔도 선생님은 그림과 도형으로 알기 쉽게 설명한다.
- ➕ 図形(ずけい) 도형

533 下線(かせん)
- 명: 밑줄
- 教科書のキーワードに下線を引く。
- 교과서 키워드에 밑줄을 긋다.
- ＝ アンダーライン

534 法則(ほうそく)
- 명: 법칙
- インターネットで引力の法則について調べる。
- 인터넷에서 인력의 법칙에 대해 조사한다.

535 志(こころざ)す
- 동: 뜻을 두다 / 목표로 하다
- 学者を志して、努力を続ける。
- 학자를 목표로 노력을 계속한다.
- ➕ 志(こころざし) 뜻 / 마음

536 徹夜(てつや)〈する〉
- 명: 철야〈하다〉
- 昨日徹夜したので、今日はとても眠い。
- 어제 철야했기 때문에 오늘은 매우 졸리다.
- ➕ 夜更(よふ)かし〈する〉 밤늦게까지 자지 않음 / 밤샘

537 上達(じょうたつ)〈する〉
- 명: 늘다 / 향상〈하다〉
- 半年で会話力が、かなり上達した。
- 반년에 회화력이 꽤 향상되었다.

538 こつこつ［と］
- 부: 꾸준히 / 뚜벅뚜벅
- ① 毎日こつこつと勉強を続けている。
- ② 靴の音がこつこつと響く。
- ① 매일 꾸준히 공부를 계속하고 있다.
- ② 구두 소리가 똑 똑 울린다.
- 👍 ① 꾸준히 노력하다 ② 딱딱한 표면에서 울려 퍼지다

539 地道(じみち)な
- ナ형: 착실한 / 견실한 / 충실한
- 毎日、地道に日本語を勉強している。
- 매일 착실하게 일본어를 공부하고 있다.

540 根気(こんき)
- 명: 끈기
- 単語は根気よく覚えよう。
- 단어는 끈기 있게 외우자.

Section 2

➕ 根気強い(こんきづよ) 끈질기다 / 억척스럽다

541 効率的な(こうりつてき)
[ナ형] 효율적인

時間を上手に使って、効率的に勉強する。
시간을 잘 써서 효율적으로 공부한다.

➕ 合理的な(ごうりてき) 합리적인

542 旺盛な(おうせい)
[ナ형] 왕성한

好奇心旺盛に新しいことを学ぶ。
호기심 왕성하게 새로운 것을 배운다.

➕ 食欲旺盛(しょくよくおうせい) 식욕이 왕성한

543 基礎(きそ)
[명] 기초

日本語の基礎を、しっかり学びたい。
일본어 기초를 확실히 배우고 싶다.

➕ 基礎的な(きそてき) 기초적인

544 基本(きほん)
[명] 기본

文法の基本を学んでから、会話を勉強する。
문법의 기본을 배우고 나서 회화를 공부한다.

➕ 基本的な(きほんてき) 기본적인

545 除く(のぞ)
[동] 제외하다

漢字を除けば、日本語の勉強は特に難しくない。
한자를 제외하면 일본어 공부는 특별히 어렵지 않다.

546 現状(げんじょう)
[명] 현상 / 현재 상태

先生に、現状では希望の大学は難しいと言われた。
선생님께서 현재 상태로는 희망하는 대학은 어렵다고 말씀하셨다.

547 おろそかな
[ナ형] 소홀한

学生は勉強をおろそかにしてはいけない。
학생은 공부를 소홀히 해서는 안 된다.

548 可能〈な〉(かのう)
[명][ナ형] 가능

努力すれば、不可能が可能になる。(名)
頑張れば、何だって可能だ。(ナ形)
노력하면 불가능이 가능이 된다.
열심히 하면 무엇이든 가능하다.

Chapter 5

❌ 不可能〈な〉　➕ 可能性 가능성

549 **実現**〈する〉
じつげん
명 **실현** < 하다 >

夢を実現するためには努力が必要だ。
꿈을 실현하기 위해서는 노력이 필요하다.

550 **混同**〈する〉
こんどう
명 **혼동** < 하다 >

似ている副詞は混同しやすい。
비슷한 부사는 혼동하기 쉽다.

➕ 公私混同〈する〉 공사혼동

551 **複数**
ふくすう
명 **복수**

日本語の名詞には単数形も複数形もない。
일본어의 명사에는 단수형도 복수형도 없다.

552 **活用**〈する〉
かつよう
명 **활용** < 하다 >

言葉を調べるときは、スマホを活用している。
단어를 알아 볼 때는 스마트폰을 활용하고 있다.

Section 3

시험
試験（しけん）

553 挑戦〈する〉 ちょうせん
명 도전 < 하다 >
今年、N2の試験に挑戦することにした。
올해 N2 시험에 도전하기로 했다.
= チャレンジ〈する〉

554 範囲 はんい
명 범위
次の試験の範囲は広い。
다음 시험 범위는 넓다.

555 パターン
명 패턴
文法の問題には、いろいろなパターンがある。
문법 문제에는 여러 가지 패턴이 있다.
➕ ワンパターン 틀에 박힘 / 천편일률적임

556 あらゆる
연체 모든 / 일체의 / 온갖
試験前にあらゆるパターンの問題をやってみた。
시험 전에 모든 패턴의 문제를 풀어 보았다.
➕ ありとあらゆる 온갖 / 모든

557 課題 かだい
명 과제
①小論文の課題は地球温暖化についてだった。
②日本には改善すべき課題が多くある。
① 소논문의 과제는 지구온난화에 대해서였다.
② 일본에는 개선해야 할 과제가 많이 있다.
👉 ① 주제 ② 반드시 해결해야 할 문제

558 段落 だんらく
명 단락
最後の段落に重要なことが書かれている。
마지막 단락에 중요한 것이 적혀있다.

559 箇所 かしょ
명 개소 / 장소 / 부분
問題に訂正箇所があった。
문제에 정정 부분이 있었다.

560 用紙 ようし
명 용지
問題と解答、2種類の用紙が配られた。
문제와 해답 두 종류의 용지가 배부되었다.
➕ 問題用紙 문제용지・解答用紙 해답용지・答案用紙 답안용지

Chapter 5

561 応用〈する〉
おうよう
명 응용

この問題は前に勉強した式を応用すれば、解ける。
이 문제는 전에 공부한 식을 응용하면 풀 수 있다.

562 選択〈する〉
せんたく
명 선택 < 하다 >

4つの中から一つを選択して、答えましょう。
4개 중 하나를 선택해서 답합시다.

➕ 選択肢 선택지
せんたくし

563 当てはまる
あ
동 맞다 / 적합하다

次の言葉の中から当てはまるものを選びましょう。
다음 단어에서 적합한 것을 고릅시다.

➕ (〜を) 当てはめる 꼭 들어맞추다 / 적용시키다
あ

564 述べる
の
동 말하다

この段落で筆者が意見を述べている。
이 단락에서 필자가 의견을 말하고 있다.

565 言い換える
い か
동 바꿔 말하다

次の言葉を別の言葉に言い換えましょう。
다음 말을 다른 말로 바꿔 말해보자.

➕ 言い直す 바꿔 말하다 / 고쳐 말하다
い なお

566 考え込む
かんが こ
동 생각에 잠기다

問題が難しくて、考え込んでしまった。
문제가 어려워서 생각에 잠겨버리고 말았다.

567 限る
かぎ

① 問題を解く時間は限られている。
② 夏はビールに限る。

동 제한하다 /
제일이다

① 문제를 푸는 시간은 한정되어 있다.
② 여름에는 맥주가 제일이다.

👉 ① 무엇의 범위를 정하다 ② 최고로 좋은 것

568 紛らわしい
まぎ
イ형 혼동하기 쉽다

N2になると、紛らわしい選択肢も増えてくる。
N2가 되면 혼동하기 쉬운 선택지도 늘어난다.

569 さっぱり (〜ない)
부 전혀 / 도무지 (〜않다)

この問題は、いくら考えてもさっぱりわからない。
이 문제는 아무리 생각해도 도무지 모르겠다.

105

Section 3

570 勘 (かん)
名 감 / 직감력 / 육감
わからない問題は勘を働かせて答える。
모르는 문제는 감으로 답한다.
➕ 直感 (ちょっかん) 직감

571 本番 (ほんばん)
名 실전 / 본방
試験の本番が近づいてきて、緊張している。
시험의 실전이 다가와서 긴장하고 있다.
➕ 当日 (とうじつ) 당일

572 迫る (せまる)
動 다가오다
① 試験の日が迫ってきた。
② 彼に危険が迫っている。
① 시험날이 다가왔다.
② 그에게 위험이 다가오고 있다.
👉 ① 시간이 점점 가까워지다 ② 거리가 점점 가까워지다

573 必死な (ひっし)
ナ形 필사적으로
合格を目指して、必死に頑張った。
합격을 목표로 필사적으로 노력했다.
➕ 一生懸命 (いっしょうけんめい) 〈な〉 목숨을 걸고 / 매우 열심히

574 いっせいに
副 일제히
受験生はいっせいに問題を読み始めた。
수험생은 일제히 문제를 읽기 시작했다.

575 終了〈する〉(しゅうりょう)
名 종료 < 하다 >
「終わりです」という声で、試験が終了した。
"종료입니다"라는 목소리로 시험이 종료되었다.

576 回収〈する〉(かいしゅう)
名 회수 < 하다 >
試験終了後、問題用紙と解答用紙が回収された。
시험 종료 후 문제 용지와 해답 용지가 회수되었다.

577 採点〈する〉(さいてん)
名 채점 < 하다 >
採点はコンピューターで行われる。
채점은 컴퓨터로 이뤄진다.

578 確実な (かくじつ)
ナ形 확실한
彼なら、合格は確実だと思う。
그라면 합격은 확실하다고 생각한다.

Chapter 5

이것도 외우자! ⓯

➕ 접사 : 감정 등② 接辞：感情等②

- **～観** (견해, 생각)

人生観 (じんせいかん)	인생관
価値観 (かちかん)	가치관
先入観 (せんにゅうかん)	선입관 / 선입견
世界観 (せかいかん)	세계관
結婚観 (けっこんかん)	결혼관
職業観 (しょくぎょうかん)	취업관

Section 4
대학・대학원

大学(だいがく)・大学院(だいがくいん)

579	受講〈する〉(じゅこう)	田中教授の講義を受講することにした。
명	수강 < 하다 >	다나카 교수님의 강의를 수강하기로 했다.

580	書き留める(かきとめる)	講義の内容を、しっかり書き留める。
동	기록에 남기다	강의 내용을 빠짐없이 노트해두다.

581	目標(もくひょう)	経営学を学び、会社を経営するのが私の目標だ。
명	목표	경영학을 배워서 회사를 경영하는 것이 나의 목표다.

582	心構え(こころがまえ)	大学では積極的に学ぼうとする心構えが必要だ。
명	마음가짐	대학에서는 적극적으로 배우려는 마음가짐이 필요하다.

➕ 心掛け(こころがけ) 마음가짐

583	学問(がくもん)	大学は学問の場である。
명	학문	대학은 학문의 장이다.

584	分野(ぶんや)	この大学は科学の分野で知られている。
명	분야	이 대학은 화학의 분야로 알려져 있다.

🟰 ジャンル

585	取り組む(とりくむ)	来年は新しい研究に取り組みたい。
동	몰두하다 / 대처하다	내년에는 새로운 연구에 몰두하고 싶다.

➕ 取り組み(とりくみ) 몰두

586	意欲(いよく)	この大学には意欲がある学生が多い。
명	의욕	이 대학에는 의욕이 있는 학생이 많다.

Chapter 5

587 思いつく
동 떠오르다

セミナーに参加して、論文のテーマを思いついた。
세미나에 참가하고 논문의 테마가 떠올랐다.

➕ 思いつき 문득 생각이 남 / 고안

588 発明〈する〉
명 발명 < 하다 >

社会に役立つ機械を発明したい。
사회에 도움이 되는 기계를 발명하고 싶다.

➕ 発明家 발명가

589 分析〈する〉
명 분석 < 하다 >

データを分析して、結果をレポートにまとめる。
데이터를 분석해서 결과를 리포트로 정리한다.

590 継続〈する〉
명 계속 < 하다 >

この研究は継続する価値がある。
이 연구는 계속할 가치가 있다.

591 ほんの
연체 아주

前回はほんの少し点が足らず、不合格だった。
지난 번에는 아주 조금 점수가 모자라서 불합격했다.

592 受け入れる
동 받아들이다

最近では、ほとんどの大学で留学生を受け入れている。
최근에는 대부분의 대학에서 유학생을 받아들이고 있다.

593 キャンパス
명 캠퍼스

この大学のキャンパスは、とても活気がある。
이 대학 캠퍼스는 매우 활기가 있다.

594 休講〈する〉
명 휴강 < 하다 >

先生の都合で今日は休講になった。
선생님 사정으로 오늘은 휴강이 되었다.

595 講師
명 강사

大学には個性的な講師も多い。
대학에는 개성적인 강사도 많다.

596 学会
명 학회

先週、日本語の学会に出席した。
지난주에 일본어 학회에 출석했다.

Section 4

597 わずか [な/に] (ナ形/副)
일부 / 아주 조금
このゼミに入れる学生は、ごくわずかだ。(ナ形)
이 세미나에 들어갈 수 있는 학생은 극히 일부다.

598 論理的な (ナ形)
논리적인
日本語で論理的な文を書くのは大変だ。
일본어로 논리적인 글을 쓰는 것은 힘들다.

599 論じる (動)
논하다
経済問題に関する意見を論じる。
경제 문제에 관한 의견을 논하다.

600 引用〈する〉 (名)
인용 <하다>
他人の論文を引用するときにはルールがある。
다른 사람의 논문을 인용할 때에는 규칙이 있다.

601 訳す (動)
번역하다
論文を英語に訳して、雑誌で発表する。
논문을 영어로 번역하여 잡지에 발표한다.

602 編集〈する〉 (名)
편집 <하다>
この文は少し編集が必要だ。
이 글은 조금 편집이 필요하다.

➕ 編集者 편집자

603 要旨 (名)
요지
レポートの要旨を800字程度にまとめた。
리포트의 요지를 800자 정도로 정리하였다.

➕ 要点 요점

604 明確な (ナ形)
명확한
論文では言いたいことを明確にすることが重要だ。
논문에서는 말하고 싶은 것을 명확히 하는 것이 중요하다.

605 挙げる (動)
들다
具体的な例を挙げて、論文の主張をサポートする。
구체적인 예를 들어 논문의 주장을 서포트한다.

606 用いる (動)
이용하다
データを用いて、問題を分析する。
데이터를 이용해서 문제를 분석한다.

Chapter 5

607 手書き
てがき
명 손으로 쓰기 / 수기

手書きのレポートは受け付けません。
손으로 쓴 리포트는 받지 않습니다.

608 一気に
いっきに
부 한 번에 / 단숨에

レポートを二日で一気に書いた。
리포트를 이틀만에 단숨에 썼다.

609 完成〈する〉
かんせい
명 완성 < 하다 >

何度も書き直して、やっとレポートが完成した。
몇 번이나 고쳐 써서 겨우 리포트가 완성되었다.

Section 5
컴퓨터 (스마트폰)
パソコン（スマホ）

610	起動〈する〉	パソコンを起動する。
명	기동 < 하다 >	컴퓨터를 기동한다.

➕ 再起動〈する〉 재기동 / 재시작

611	本体	このパソコンの本体は日本製だ。
명	본체	이 컴퓨터의 본체는 일제다.

612	キーボード	彼はキーボードを見ずに入力できる。
명	키보드	그는 키보드를 보지 않고 입력할 수 있다.

613	ディスプレイ	大きなディスプレイだと、画面が見やすい。
명	디스플레이	큰 디스플레이라면 화면이 보기 편하다.

614	接続〈する〉	インターネットに接続して、検索する。
명	접속 < 하다 >	인터넷에 접속해서 검색한다.

615	検索〈する〉	日本語研究の論文を検索する。
명	검색 < 하다 >	일본어 연구 논문을 검색한다.

616	転送〈する〉	役に立ちそうな情報を友人に転送した。
명	전송 < 하다 >	도움이 될 만한 정보를 친한 친구에게 전송했다.

617	文書	パソコンで文書を作る。
명	문서	컴퓨터로 문서를 작성한다.

618	設定〈する〉	文字の設定を、もう少し大きくする。
명	설정 < 하다 >	문자 설정을 조금 더 크게 한다.

619	余白	上下の余白を2センチにする。
명	여백	상하 여백을 2 센티로 한다.

№	日本語	例文
620	フォント 명 폰트	細いフォントを選んで、メールを書く。 가는 폰트를 골라서 메일을 쓴다.
621	カーソル 명 커서	カーソルが、うまく動かない。 커서가 잘 움직이지 않는다.
622	改行〈する〉 かいぎょう 명 개행 / 줄바꿈〈하다〉	文章が読みやすいように改行する。 문장을 읽기 쉽도록 줄바꿈한다.
623	区切る くぎ 동 나누다 / 구분하다	段落を区切るときには、改行して1字下げる。 단락을 나눌 때에는 줄바꿈하여 1자 들인다.

➕ 区切り 단락

№	日本語	例文
624	貼り付ける は つ 동 붙이다 / 붙여넣다	画像をコピーして、新規ファイルに貼り付ける。 화상을 복사하여 신규 파일에 붙여넣는다.
625	強調〈する〉 きょうちょう 명 강조〈하다〉	文章の中で強調したい文字を太くする。 문장 내에서 강조하고 싶은 문자를 굵게 한다.
626	拡大〈する〉 かくだい 명 확대〈하다〉	写真を少し拡大して、保存する。 사진을 조금 확대하여 저장한다.

↔ 縮小〈する〉
しゅくしょう

№	日本語	例文
627	消去〈する〉 しょうきょ 명 소거 / 삭제〈하다〉	過去のメールを消去した。 과거의 메일을 삭제했다.
628	上書き保存〈する〉 うわが ほぞん 명 덮어쓰기 / 저장 〈하다〉	作った文書を上書き保存した。 작성한 문서를 덮어쓰기 저장했다.
629	順序 じゅんじょ 명 순서	スマホのアイコンの順序を並び替える。 스마트폰 아이콘의 순서를 바꾼다.

Section 5

630	印刷 〈する〉	完成した文書を印刷する。
	명 인쇄 < 하다 >	완성한 문서를 인쇄한다.

➕ プリントアウト 〈する〉 인쇄 / 출력 < 하다 >

631	プリンター	最近、プリンターの調子が悪い。
	명 프린터	요즘 프린터 상태가 안 좋다.

632	インク	インクが少なくなってきたので、買っておこう。
	명 잉크	잉크가 거의 떨어졌으니까 사두자.

이것도 외우자! ⑯

➕ 접사 : 감정 등③　接辞：感情等③

- **〜心** (가지고 있는 마음)

好奇心	호기심
親切心	친절심
恐怖心	공포심
対抗心	대항심
反抗心	반항심
探究心	탐구심

N2 Chapter 6

회사에서

会社で
かいしゃ

			단어 No.
1	취업	就職 しゅうしょく	633~664
2	회사	会社 かいしゃ	665~696
3	일 / 업무	仕事 しごと	697~728
4	상하 관계	上下関係 じょうげ かんけい	729~752
5	퇴직 · 이직	退職・転職 たいしょく てんしょく	753~777

Section 1

취업

就職（しゅうしょく）

633	**求人** きゅうじん [명] 구인	**求人**のサイトをチェックする。 구인 사이트를 체크한다.

➕ 求人広告 구인광고

634	**志望**〈する〉 しぼう [명] 지망 < 하다 >	A社の営業を**志望**している。 A 사의 영업을 지망하고 있다.

➕ 志望校 지망교・第一志望 제1지망

635	**エントリー**〈する〉 [명] 엔트리 / 입사지원 < 하다 >	いくつかの企業に**エントリーした**。 몇 군데 기업에 입사지원했다.

➕ エントリーシート 엔트리 시트 / 입사지원서

636	**携わる** たずさ [동] 종사하다	福祉の仕事に**携わり**たい。 복지 업무에 종사하고 싶다.

637	**生かす** い [동] 살리다	専門が**生かせる**仕事をしたい。 전문을 살릴 수 있는 일을 하고 싶다.

638	**貴社** きしゃ [명] 귀사	ぜひ、**貴社**で働かせていただきたいです。 꼭 귀사에서 일하고 싶습니다.

＝ 御社 ⟷ 弊社
おんしゃ　へいしゃ

639	**御中** おんちゅう [명] 귀중	会社への手紙には会社名の後に「**御中**」と書く。 회사에 보내는 편지에는 회사명 뒤에 "귀중"이라고 적는다.

640	**動機** どうき [명] 동기	面接で志望の**動機**をうまく伝える。 면접에서 지망 동기를 잘 전달한다.

➕ 志望動機 지망동기

Chapter 6

641 熱意 (ねつい)
명 열의
面接では入社したいという熱意を見せた。
면접에서는 입사하고 싶다는 열의를 보였다.

642 学歴 (がくれき)
명 학력
履歴書に学歴や資格を書く。
이력서에 학력과 자격을 적는다.

➕ 高学歴 고학력

643 不問 (ふもん)
명 불문
求人広告に経験不問と書いてある。
구인광고에 경험불문이라고 쓰여있다.

➕ 問わない (とわない) 불문・学歴不問 학력불문・性別不問 성별불문・年齢不問 연령불문

644 制限〈する〉(せいげん)
명 제한〈하다〉
求人広告に年齢の制限は書いていない。
구인광고에 연령제한은 적혀 있지 않다.

➕ 速度制限 속도제한・人数制限 인수제한

645 特技 (とくぎ)
명 특기
私の趣味・特技は、テニスと料理です。
저의 취미・특기는 테니스와 요리입니다.

646 協調〈する〉(きょうちょう)
명 협조〈하다〉
面接では、同僚と協調できるかをチェックされる。
면접에서는 동료와 협조할 수 있는지를 체크받는다.

➕ 協調性 협조성

647 肝心な (かんじんな)
ナ형 중요한
日本の会社では協調性が肝心だ。
일본 회사에서는 협조성이 중요하다.

648 精一杯 (せいいっぱい)
명/부 최대한으로
志望の会社に採用されたら、精一杯頑張りたい。
(副)
지망하는 회사에 채용된다면 최대한으로 열심히 하고 싶다.

649 アピール〈する〉
명 어필〈하다〉
面接で上手に自分をアピールできるか心配だ。
면접에서 잘 자신을 어필할 수 있을지 걱정이다.

➕ 自己アピール〈する〉(じこ) 자기어필〈하다〉

Section 1

650 対応〈する〉
名 대응 < 하다 >

面接の質問に、しっかり対応できたと思う。
면접 질문에 확실히 대응했다고 생각한다.

651 合同〈する〉
名 합동 < 하다 >

いろいろな企業の合同説明会に参加した。
여러 기업의 합동 설명회에 참가했다.

➕ 合同発表〈する〉 합동 발표 < 하다 >

652 望ましい
イ形 바람직하다

この会社では語学のできる人が望ましいそうだ。
이 회사에서는 어학이 가능한 사람이 바람직하다고 한다.

653 好ましい
イ形 바람직하다

面接には黒か紺のスーツが好ましい。
면접에는 검정이나 곤색 슈트가 바람직하다.

➕ 好む 좋아하다

654 公平〈な〉
名 ナ形 공평 < 한 >

この会社の採用は公平に決められる。(ナ形)
이 회사의 채용은 공평하게 정해진다.

↔ 不公平〈な〉 ➕ 公正〈な〉 공정 < 한 >

655 せめて
副 적어도

せめて、一社だけでも内定が欲しい。
적어도 한 회사만이라도 내정을 원한다.

656 受け取る
動 받다

第一志望だった企業から、通知を受け取った。
제1 지망이었던 기업에서 통지를 받았다.

657 内定〈する〉
名 내정 < 하다 >

三つの会社から内定をもらった。
세 개의 회사에서 내정을 받았다.

658 辞退〈する〉
名 사퇴 < 하다 >

第一志望の会社以外は、すぐに辞退した。
제1 지망 회사 이외에는 바로 사퇴했다.

659 契約〈する〉
名 계약 < 하다 >

希望していた会社と契約できて、うれしい。
희망했던 회사와 계약할 수 있어서 기쁘다.

➕ 契約書 계약서 · 契約社員 계약사원

Chapter 6

660 入社〈する〉
にゅうしゃ
명 입사 < 하다 >

4月の入社が、とても楽しみだ。
4월 입사가 매우 기대된다.

↔ 退社〈する〉
たいしゃ

661 心得る
こころえ
동 알다 / 파악하다 / 납득하다

社会人と学生との違いを心得ておく。
사회인과 학생의 차이를 알아 둔다.

➕ 心得 마음가짐 / 지식 / 이해
こころえ

662 社会人
しゃかいじん
명 사회인

先輩から社会人としての心得を教わる。
선배로부터 사회인으로서의 마음가짐을 배운다.

663 自覚〈する〉
じかく
명 자각 < 하다 >

就職後は社会人としての自覚を持とう。
취업 후에는 사회인으로서의 자각을 갖자.

➕ 自覚症状 자각증상
じかくしょうじょう

664 いよいよ
부 드디어

いよいよ、春から社会人だ。
드디어 봄부터 사회인이다.

Section 2

회사

会社（かいしゃ）

| 665 | **大企業**
だいきぎょう
명 대기업 | 日本の企業のうち、<u>大企業</u>は0.3パーセントだ。
일본의 기업 가운데 대기업은 0.3 퍼센트다. |

➕ 中小企業 중소기업・一流企業 일류기업

| 666 | **大手**
おおて
명 대형 / 대기업 | A社は<u>大手</u>ではないが、有名な会社だ。
A 사는 대기업은 아니지만 유명한 회사다. |

| 667 | **代表**〈する〉
だいひょう
명 대표 < 하다 > | 私の会社は日本を<u>代表</u>するメーカーの一つだ。
우리 회사는 일본을 대표하는 메이커 중 하나다. |

| 668 | **民間**
みんかん
명 민간 | 公務員ではなく、<u>民間</u>の企業で働きたい。
공무원이 아닌 민간기업에서 일하고 싶다. |

| 669 | **組織**
そしき
명 조직 | 大企業は多くの<u>組織</u>で構成されている。
대기업은 여러 조직으로 구성되어 있다. |

| 670 | **従業員**
じゅうぎょういん
명 종업원 / 직원 | この会社の<u>従業員</u>は約1,000人だ。
이 회사의 종업원은 약 1,000 명이다. |

➕ 労働者 노동자

| 671 | **新入社員**
しんにゅうしゃいん
명 신입사원 | 4月には<u>新入社員</u>の研修が行われる。
4 월에는 신입사원 연수가 실시된다. |

➕ 新入生 신입생

| 672 | **派遣社員**
はけんしゃいん
명 파견사원 | A社は<u>派遣社員</u>ではなく、正社員を希望している。
A 사는 파견사원이 아닌 정사원을 희망하고 있다. |

➕ 派遣会社 파견회사

| 673 | **オーナー**
명 오너 | 彼は社長でもあり、<u>オーナー</u>でもある。
그는 사장이자 오너이기도 하다. |

Chapter 6

674	重役 じゅうやく 명 중역	新入社員なので、なかなか重役と会う機会がない。 신입사원이라서 좀처럼 중역과 만날 기회가 없다.

➕ 役員 やくいん 임원/간부

675	オフィス 명 오피스 / 사무실	オフィスが郊外に移転した。 사무실이 교외로 이전했다.

676	支給〈する〉 しきゅう 명 지급〈하다〉	給料は月末に支給される。 급료는 월말에 지급된다.

➕ 支給額 しきゅうがく 지급액

677	出世〈する〉 しゅっせ 명 출세〈하다〉	出世して、社長になりたい。 출세해서 사장이 되고 싶다.

678	昇進〈する〉 しょうしん 명 승진〈하다〉	課長が部長に昇進した。 과장님이 부장으로 승진했다.

679	転勤〈する〉 てんきん 명 전근〈하다〉	うちの会社は転勤が多い。 우리 회사는 전근이 많다.

680	赴任〈する〉 ふにん 명 부임〈하다〉	家族を残して、大阪支社へ赴任する。 가족을 남겨 두고 오사카 지사에 부임한다.

➕ 単身赴任〈する〉 たんしんふにん 단신부임〈하다〉

681	有給休暇 ゆうきゅうきゅうか 명 유급 휴가	この会社は有給休暇が取りやすい。 이 회사는 유급 휴가를 얻기 쉽다.

＝ 有休 ゆうきゅう

682	人事 じんじ 명 인사	ある日、人事の担当者に呼ばれた。 어느 날 인사 담당자에게 불려갔다.

683	人材 じんざい 명 인재	A社には今年も優秀な人材が集まった。 A 사에는 올해도 우수한 인재가 모였다.

Section 2

684 人手 (ひとで)
명 인력 / 일손

会社が忙しくなり、人手が足りない。
회사가 바빠져서 일손이 부족하다.

➕ 人手不足 인력부족

685 モニター
명 모니터

お店や商品のモニターをして、ポイントをもらった。
가게나 상품 모니터를 해서 포인트를 받았다.

686 業績 (ぎょうせき)
명 업적 / 실적

彼の会社は毎年業績が伸びている。
그의 회사는 매년 실적이 늘고 있다.

687 資本 (しほん)
명 자본 / 자산

①ビジネスマンは体が資本だ。
②会社が資本金を増やした。

① 비즈니스맨은 몸이 자산이다.
② 회사가 자본금을 늘렸다.

➕ ②資本金 자본금

👉 ① 필요하고 중요한 것 ② 주요 프로젝트를 수행하는 근거

688 方針 (ほうしん)
명 방침

社長が今後の方針を述べた。
사장님이 앞으로의 방침을 말했다.

689 我々 (われわれ)
대 우리

社会に貢献する企業になること、これが我々の方針だ。
사회에 공헌하는 기업이 되는 것, 이것이 우리의 방침이다.

690 製品 (せいひん)
명 제품

あの企業は時代に合った製品を開発している。
그 기업은 시대에 맞는 제품을 개발하고 있다.

691 売れ行き (うれゆき)
명 매상 / 매출 상황

この商品は売れ行きがいいそうだ。
이 상품은 매출 상황이 좋다고 한다.

692 売り上げ (うりあげ)
명 매출

商品がヒットして、売り上げが伸びた。
상품이 히트해서 매출이 늘었다.

➕ セールス 세일즈 / 판매

Chapter 6

693 コスト
명 비용 / 코스트

この製品には予想以上にコストがかかりそうだ。
이 제품에는 예상 이상으로 비용이 들 것 같다.

694 果たす
동 완수하다 / 달성하다

大きな仕事が終わり、責任を果たした。
큰 업무가 종료되어서 책임을 다했다.

695 得る
동 얻다

上司の許可を得て、休暇を取った。
상사의 허가를 얻어서 휴가를 받았다.

696 認める
동 인정하다 / 허락하다

① 上司は部下の休暇を認めた。
② 自分の間違いを認めることが、成長につながる。
③ この画家は世界に才能を認められた。

① 상사는 부하의 휴가를 허락했다.
② 자신의 잘못을 인정하는 것이 성장으로 이어진다.
③ 이 화가는 전 세계에서 재능을 인정받았다.

👉 ① 청구가 적절하다고 간주하다 ② 잘못을 인정하다 ③ 무언가의 가치를 받아들이다

Section 3
일 / 업무

仕事（しごと）

697 ビジネス
명 비즈니스

日本でビジネスチャンスをつかみたい。
일본에서 비즈니스 기회를 잡고 싶다.

➕ ビジネスマン 비즈니스맨 / 회사원

698 就く
동 취직하다 / 부임하다

希望していた仕事に就くことができた。
희망하던 일을 할 수 있게 되었다.

699 生きがい
명 사는 보람

仕事に生きがいを感じている。
일에 사는 보람을 느끼고 있다.

700 やりがい
명 성취감 / 보람

給料よりやりがいが大切だ。
급여보다 성취감이 중요하다.

701 抱く
동 안다

夢を抱いて、日本で働いている。
꿈을 안고 일본에서 일하고 있다.

702 打ち合わせ〈する〉
명 협의 / 회의 < 하다 >

今日は3時から打ち合わせがある。
오늘은 3시부터 회의가 있다.

➕ 打ち合わせる 협의하다 / 미리 의논하다・会合 회합 / 모임 / 미팅

703 アポイント
명 약속

メールで打ち合わせのアポイントを取った。
메일로 협의 약속을 잡았다.

＝ アポ　➕ アポなし 예약 없는 면회

704 応対〈する〉
명 대응 / 응대 < 하다 >

今日は朝から電話の応対で忙しい。
오늘은 아침부터 전화 응대로 바쁘다.

➕ 応接〈する〉 응접 < 하다 >

Chapter 6

705	伝言 〈する〉 でんごん	部長に伝言をお願いできますか。
명	전언 < 하다 >/ 말을 전하다	부장님께 전언을 부탁드려도 되겠습니까?

706	改めて あらた	改めてこちらからご連絡します。
부	다시	다시 저희쪽에서 연락드리겠습니다.

707	じかに	この件は上司にじかに報告した方がいい。
부	직접	이 건은 상사에게 직접 보고 하는게 좋다.

708	プロジェクト	大きなプロジェクトが、もうすぐ始まる。
명	프로젝트	큰 프로젝트가 곧 시작된다.

➕ プロジェクトチーム 프로젝트 팀

709	意図 〈する〉 いと	プロジェクトが意図した通りに進まない。
명	의도 < 하다 >	프로젝트가 의도한 대로 진행되지 않는다.

710	新たな あら	新たなプロジェクトが進んでいる。
ナ형	새로운	새로운 프로젝트가 진행되고 있다.

711	組む く	先輩とチームを組んで、新しい企画を立ち上げる。
동	짜다 / 조직하다	선배와 팀을 이루어 새로운 기획을 시작한다.

712	取り引き 〈する〉 とひ	うちの会社は一流企業と取り引きがある。
명	거래 < 하다 >	우리 회사는 일류기업과 거래가 있다.

➕ 取引先 とりひきさき 거래처

713	依頼 〈する〉 いらい	デザイナーにパンフレットのデザインを依頼する。
명	의뢰 < 하다 >	디자이너에게 팜플렛 디자인을 의뢰한다.

714	任せる まか	次のプロジェクトを任された。
동	맡기다 / 위임하다	다음 프로젝트가 맡겨졌다.

Section 3

715 動	引き受ける ひきうける 받아들이다 / 맡다	仕事の依頼を引き受けた。 업무 의뢰를 받아들였다.
716 動	こなす 소화하다	彼女はいつもスマートに仕事をこなす。 그녀는 항상 스마트하게 일을 소화해낸다.
717 名	成果 せいか 성과	上司に仕事の成果をほめられた。 상사에게 일의 성과를 칭찬받았다.
718 名	達成〈する〉 たっせい 달성 < 하다 >	売り上げ目標を達成するために努力している。 매상 목표를 달성하기 위해 노력하고 있다.
719 名	作業〈する〉 さぎょう 작업 < 하다 >	彼は、いつも効率よく作業を進める。 그는 항상 효율적으로 작업을 진행한다.
720 名	保留〈する〉 ほりゅう 보류 < 하다 >	この件は、しばらく保留させてください。 이 건은 당분간 보류시켜 주십시오.
721 動	やり直す なおす 다시 하다 / 고쳐 하다	ミスが見つかったので、もう一度やり直した。 실수가 발견되어서 다시 한 번 고쳤다.
722 名	件 けん 건 / 일	先日の件、お返事が遅れ、申し訳ございませんでした。 지난 번 건은 답장이 늦어서 죄송했습니다.

➕ 件名 건명
けんめい

723 名	急用 きゅうよう 급한 일	急用ができ、午後の会議に出られなくなった。 급한 일이 생겨 오후 회의에 나갈 수 없게 되었다.
724 名 副	至急 しきゅう 긴급하게 / 시급히	至急、この資料をコピーしてください。(副) 시급히 이 자료를 복사해 주세요.

➕ 大至急 몹시 급함
だいしきゅう

Chapter 6

725	**手順** てじゅん	仕事の手順を早く覚えたい。
명	순서	일의 순서를 빨리 배우고 싶다.
726	**移動〈する〉** いどう	今移動中なので、後で連絡します。
명	이동 < 하다 >	지금 이동 중이어서 나중에 연락 드리겠습니다.
727	**大工** だいく	大工になって、自分の家を建てたい。
명	목수	목수가 되어 내 집을 짓고 싶다.
728	**ガードマン**	身分証明書を忘れて、ガードマンに止められた。
명	가드맨 / 경비원	신분증을 잃어버려서 경비원에게 제지당했다.

Section 4
상하 관계
上下関係（じょうげかんけい）

729 地位 (ちい) 〔명〕 지위
地位の高い人とは少し話しにくい。
지위가 높은 사람과는 조금 이야기하기 어렵다.
➕ 身分(みぶん) 신분・肩書き(かたがき) 직함 / 지위

730 目上 (めうえ) 〔명〕 윗사람 / 연장자
目上の人には敬語を使わないと失礼だ。
윗사람에게는 경어를 쓰지 않으면 실례다.
↔ 目下(めした)

731 敬意 (けいい) 〔명〕 경의
あの若者はお年寄りに敬意を持って話す。
저 젊은이는 노인에게 경의를 가지고 말한다.

732 敬う (うやまう) 〔동〕 존경하다 / 공경하다
目上の人を心から敬う。
윗사람을 진심으로 공경한다.

733 的確な (てきかくな) 〔ナ형〕 적확한 / 정확한
先輩の的確なアドバイスは、ありがたい。
선배의 적확한 조언은 고맙다.

734 忠告〈する〉(ちゅうこく) 〔명〕 충고〈하다〉
祖父の忠告は今も役に立っている。
할아버지의 충고는 지금도 도움이 되고 있다.
➕ アドバイス〈する〉 어드바이스 / 조언 / 충고〈하다〉

735 サポート〈する〉 〔명〕 서포트 / 지원 / 도움〈하다〉
新入社員は先輩達にサポートしてもらう。
신입사원은 선배들에게 서포트 받는다.

736 いばる 〔동〕 거만하게 굴다 / 으스대다
部下に対していばる上司には、なりたくない。
부하에게 으스대는 상사는 되고 싶지 않다.

Chapter 6

737	押し付ける お つ	先輩に仕事を押し付けられた。
동	강요하다 / 억지로 떠맡기다	선배가 일을 억지로 떠맡겼다.

738	ご無沙汰〈する〉 ぶ さ た	先生、久しくご無沙汰しております。
명	오랫동안 격조＜하다＞ / 무소식	선생님 오랫동안 격조했습니다.

739	恐縮〈する〉 きょうしゅく	ご無沙汰している先生から連絡があり、恐縮した。
명	죄송＜하다＞	오랫동안 소식을 전하지 못한 선생님에게서 연락이 와서 죄송했다.

740	信頼〈する〉 しんらい	あの先輩は信頼できる人だと思う。
명	신뢰＜하다＞	그 선배는 신뢰할 수 있는 사람이라고 생각한다.

741	従う したが	社員は会社の規則に従わなければならない。
동	따르다	사원은 회사의 규칙에 따라야 한다.

742	うなずく	上司は私の話を、いつもうなずきながら聞いてくれる。
동	수긍하다 / 끄덕이다	상사는 나의 말을 항상 수긍하면서 들어준다.

743	反論〈する〉 はんろん	会社のために上司の意見に反論した。
명	반론＜하다＞	회사를 위해 상사의 의견에 반론했다.

744	わびる	仕事のミスを上司にわびた。
동	잘못을 빌다 / 사죄하다	업무 실수를 상사에게 사과했다.

➕ おわび 사죄 / 사과

745	やる気 き	上司にやる気をアピールして、プロジェクトに参加した。
명	할 마음 / 의욕	상사에게 의욕을 어필하여 프로젝트에 참가했다.

Section 4

746 お世辞(せじ)
명 겉치레 / 알랑거리는 말 / 입에 발린 말

あの人はお世辞がうまい。
그 사람은 입에 발린 말을 잘한다.

747 ごまをする
관 아부를 하다

上司にごまをするなんて嫌だ。
상사에게 아부를 하는 건 싫다.

➕ ごますり 아첨함 / 아부함

748 上等(じょうとう)な
ナ형 상등한 / 고급의

夏と冬に、クライアントに上等なワインを贈る。
여름과 겨울에 클라이언트에 고급 와인을 선물한다.

➕ 高級(こうきゅう)な 고급의 / 고급스러운

749 苦痛(くつう)
명 고통

残業が毎日続くのは苦痛だ。
잔업이 매일 계속되는 것은 고통이다.

750 夫人(ふじん)
명 부인 / 와이프

今日、部長夫人に初めてお会いした。
오늘 부장님의 부인을 처음 뵈었다.

➕ 婦人(ふじん) 부인 / 여성

751 ベテラン
명 베테랑

ベテランの上司にクライアントの情報を教えてもらう。
베테랑 상사에게 클라이언트의 정보를 듣는다.

752 平社員(ひらしゃいん)
명 평사원

入社5年だが、まだ平社員だ。
입사 5년이지만 아직 평사원이다.

Chapter 6

이것도 외우자! ⑰

접사 : 직업 등① 接辞：職業等①

• **~家** (예술적으로 뛰어난 사람)

作家	작가
画家	화가
芸術家	예술가
作曲家	작곡가
建築家	건축가
漫画家	만화가

• **~者** (어느 일에 전문적인 사람)

医者	의사
記者	기자
科学者	과학자
学者	학자
役者	연기자

• **~界** (사회의 분야)

学界	학계
政界	정계
財界	재계
芸能界	예능계
医学界	의학계
業界	업계

Section 5
퇴직・이직

退職(たいしょく)・転職(てんしょく)

753	退職〈する〉 たいしょく	来月で今の会社を退職する。
명	퇴직 < 하다 >	다음 달로 지금의 회사를 퇴직한다.

= 辞める　+ 退職届 사직서・退職金 퇴직금・定年退職〈する〉 정년퇴직 < 하다 >

754	転職〈する〉 てんしょく	もっとかせげる会社に転職したい。
명	이직 < 하다 >	더 많이 벌 수 있는 회사로 이직하고 싶다.

755	首になる くび	先週、会社を首になってしまった。
관	잘리다 / 해고당하다	지난주에 회사에서 잘리고 말았다.

756	リストラ〈する〉	会社の売り上げが下がり、リストラされた。
명	구조조정 / 정리해고 < 하다 >	회사의 매출이 내려가서 정리해고 당했다.

757	独立〈する〉 どくりつ	いつか独立して、自分の会社を持ちたい。
명	독립 < 하다 >	언젠가 독립해서 내 회사를 갖고 싶다.

758	着々 [と] ちゃくちゃく	独立する準備を着々と進めている。
부	단계적으로 / 착착	독립할 준비를 착착 진행하고 있다.

759	フリー〈な〉	①今はフリーで仕事をしている。(名) ②この雑誌はフリーです。ご自由にどうぞ。(ナ形)
명 ナ형	프리 < 한 > / 프리랜서 / 무료	① 지금은 프리랜서로 일을 하고 있다. ② 이 잡지는 무료입니다. 마음대로 하세요.

+ ②フリーダイヤル 프리 다이얼

👉 ① 어디에도 속하지 않는다 ② 무료

760	不平 ふへい	彼は会社への不平を並べた末、辞めた。(名)
명	불평	그는 회사에 대한 불평을 늘어놓은 끝에 그만 두었다.

+ 不平不満 불평불만

Chapter 6

761 満足〈な/する〉
まんぞく
명/ナ형 만족<스러운/하다>

今の仕事に満足していないので、転職したい。(名)
지금 일에 만족하지 않기 때문에 이직하고 싶다.

➕ 自己満足 자기만족

762 辛抱〈する〉
しんぼう
명 참음/버팀/참고 견딤<하다>

あと3年は、この会社で辛抱するつもりだ。
앞으로 3년은 이 회사에서 참고 견딜 생각이다.

➕ 辛抱強い 참을성이 많다
しんぼうづよ

763 ぐっと
부 쭉/꾹

嫌なことがあっても、辞めずにぐっと我慢する。
싫은 일이 있어도 그만두지 않고 꾹 참는다.

764 負う
お
동 지다

彼は仕事のミスの責任を負って、退職した。
그는 업무 실수의 책임을 지고 퇴직했다.

765 溶け込む
と こ
동 녹아 들다/어울리다

会社の雰囲気に溶け込めず、転職した。
회사의 분위기에 녹아 들지 못하고 이직했다.

766 やむを得ず
え
관 어쩔 수 없이

やむを得ず、あと半年会社に残ることにした。
어쩔 수 없이 앞으로 반년 회사에 남기로 했다.

767 立ち上げる
た あ
동 시작하다

①退職して、自分の会社を立ち上げた。
②パソコンを立ち上げる。

① 퇴직하고 내 회사를 설립했다.
② 컴퓨터를 켰다.

👍 ① 기업이나 회사를 설립하다 ② 컴퓨터를 켜다

768 試みる
こころ
동 시도하다

来年、独立を試みるつもりだ。
내년에 독립을 시도할 생각이다.

769 専念〈する〉
せんねん
명 전념<하다>

しばらく会社を休んで、育児に専念しようと思う。
당분간 회사를 쉬고 육아에 전념하려고 생각한다.

Section 5

770 悔やむ (く)
동 후회하다
前の会社を辞めたことを悔やんでいる。
이전 회사를 그만 둔 것을 후회하고 있다.
= 後悔する

771 見送る (みおく)
동 보류하다 / 배웅하다
① 退職は、しばらく見送ることにした。
② 友達を見送りに空港まで行った。
① 퇴직은 당분간 보류하기로 하였다.
② 친구를 배웅하러 공항까지 갔다.
👉 ① 어떤 일을 그만두고 다음 기회를 기다리다 ② 떠나는 사람에게 작별을 고하다

772 逃す (のが)
동 놓치다
この転職のチャンスを逃したくない。
이 이직 기회를 놓치고 싶지 않다.

773 重なる (かさ)
동 겹치다
仕事でミスが重なり、自信を失った。
업무에서 실수가 겹쳐서 자신을 잃었다.

774 引き止める (ひと)
동 붙잡다 / 만류하다
退職したかったが、上司に引き止められた。
퇴직하고 싶었지만 상사가 만류했다.

775 特殊〈な〉 (とくしゅ)
명 ナ형 특수< 한 >
この仕事には特殊な能力が必要だ。(ナ形)
이 업무에는 특수한 능력이 필요하다.

776 身の回り (みまわ)
명 소지품 / 일상 용품
明日退職するので、身の回りの物を片付ける。
내일 퇴직하기 때문에 소지품을 정리한다.

777 状況 (じょうきょう)
명 상황
会社の状況を見て、退職届を出すつもりだ。
회사 상황을 보고 퇴직서를 낼 생각이다.
➕ 情況(じょうきょう) 정황

Chapter 6

이것도 외우자! ⑱

➕ 접사 : 직업 등② 接辞:職業等②

• **〜師** (학문 등에서 특정 기능을 가진 사람)

医師	의사
教師	교사
講師	강사
技師	기사
美容師	미용사
看護師	간호사
調理師	조리사

• **〜士** (일정한 자격을 가진 사람)

弁護士	변호사
保育士	보육사
介護士	요양보호사 / 개호사
学士	학사
修士	석사
博士	박사
宇宙飛行士	우주비행사

N2
Chapter
7
즐겨찾기

お気に入り
き　い

		단어 No.
1 경기	競技 きょうぎ	778~805
2 패션	ファッション	806~828
3 엔터테인먼트	エンターテインメント	829~856
4 책	本 ほん	857~883
5 취미・취향	趣味・好み しゅみ　この	884~911

Section 1

경기

競技（きょうぎ）

| 778 | **競技〈する〉**
きょうぎ
명 경기 < 하다 > | オリンピックの新しい競技が決まった。
올림픽의 새로운 경기가 정해졌다. |

➕ 競技場 경기장・競技会 경기대회

| 779 | **競う**
きそう
동 경쟁하다 / 다투다 | 8チームが優勝を競って戦っている。
8팀이 우승을 다투며 싸우고 있다. |

| 780 | **戦う**
たたかう
동 싸우다 | 次の試合で人気チーム同士が戦う。
다음 시합에서 인기 팀끼리 싸운다. |

➕ 対戦〈する〉 대전 < 하다 >

| 781 | **勝負〈する〉**
しょうぶ
명 승부 < 하다 > | ライバルの選手と勝負して、負けた。
라이벌 선수와 승부해서 졌다. |

| 782 | **勝敗**
しょうはい
명 승패 | この試合は、なかなか勝敗が決まらない。
이 시합은 좀처럼 승패가 결정나지 않는다. |

🟰 勝ち負け ➕ 引き分ける 비기다

| 783 | **勝利〈する〉**
しょうり
명 승리 < 하다 > | ついに、我々のチームが大きな試合で勝利した。
마침내 우리 팀이 큰 시합에서 승리했다. |

| 784 | **破る**
やぶる
동 깨다 / 이기다 | ずっと優勝を逃していた選手が、とうとうライバルを破った。
줄곧 우승을 놓치던 선수가 마침내 라이벌을 꺾었다. |

| 785 | **やっつける**
동 물리치다 | 今日こそ敵をやっつけよう。
오늘이야말로 적을 물리치자. |

| 786 | **敗れる**
やぶれる
동 패배하다 | 逆転でライバルに敗れてしまった。
역전으로 라이벌에게 패배하고 말았다. |

🟰 負ける

Chapter 7

787	攻める せ	優勝候補の選手が、積極的に相手を攻めている。
동	공격하다	우승후보 선수가 적극적으로 상대를 공격하고 있다.

788	逆転〈する〉 ぎゃくてん	試合の最後に逆転した。
명	역전 < 하다 >	시합 마지막에 역전했다.

789	開会〈する〉 かいかい	10時から開会式が行われる。
명	개회 < 하다 >	10시부터 개회식이 열린다.

↔ 閉会〈する〉 ➕ 閉会式 폐회식

790	中断〈する〉 ちゅうだん	大雨で試合が中断された。
명	중단 < 하다 >	큰비로 시합이 중단되었다.

791	延長〈する〉 えんちょう	同点で試合は延長になった。
명	연장 < 하다 >	동점으로 시합은 연장이 되었다.

➕ 延長戦 연장전

792	勇ましい いさ	選手達の勇ましい声で、試合が始まった。
イ형	씩씩하다	선수들의 씩씩한 목소리로 시합이 시작되었다.

793	勢い いきお	①このチームは勢いがあるので、勝つだろう。 ②この火事は火の勢いが強くて、消すことができない。
명	기세	① 이 팀은 기세가 있기 때문에 이길 것이다. ② 이 화재는 불 기운이 강해서 끌 수가 없다.

👍 ① 적극적이며 활기차다 ② 자연적인 힘

794	さすが [に]	去年の優勝チームはさすがに強い。
부	역시 [나]	작년 우승팀은 역시나 강하다.

795	観客 かんきゃく	競技場に多くの観客が集まった。
명	관객 / 관중	경기장에 많은 관객이 모였다.

Section 1

796 敵 (てき)
명 적
試合前に敵と味方に分かれて練習する。
시합 전에 적과 아군으로 나뉘어서 연습한다.
↔ 味方 (みかた)

797 グラウンド
명 그라운드 / 경기장
グラウンドに観客の声が響いた。
경기장에 관객의 목소리가 울려 퍼졌다.

798 順位 (じゅんい)
명 순위
去年より上の順位を目指したい。
작년보다 높은 순위를 목표로 하고 싶다.
➕ ランキング 랭킹

799 トレーナー
명 트레이너 / 트레이닝 복
① あの選手のトレーナーは厳しいらしい。
② このトレーナーは動きやすくて便利だ。
① 그 선수의 트레이너는 엄한 것 같다.
② 이 트레이닝 복은 움직이기 쉬워서 편리하다.
👉 ① 스포츠 선수의 건강 상태를 관리하는 사람 ② 스포츠 등을 할 때 입는 셔츠

800 指導〈する〉(しどう)
명 지도 < 하다 >
有名な選手に指導を受ける。
유명한 선수에게 지도를 받는다.
➕ 指導者 (しどうしゃ) 지도자

801 取り入れる (とりいれる)
동 거두어 들이다
今年から新しいトレーニング法を取り入れている。
올해부터 새로운 트레이닝 법을 도입하고 있다.

802 ハードな
ナ형 격렬한 / 강도 높은
優勝するために毎日ハードな練習をこなす。
우승하기 위해 매일 강도 높은 연습을 소화한다.
➕ ハードトレーニング 하드 트레이닝 / 맹훈련

803 通用〈する〉(つうよう)
명 통용 < 하다 >
彼は世界に通用する選手になるはずだ。
그는 세계에 통용되는 선수가 될 것이다.

Chapter 7

804 技
_{わざ}
［명］ 기술 / 테크닉

彼女の技は誰もまねできない。
_{かのじょ わざ だれ}

그녀의 기술은 누구도 따라할 수 없다.

➕ テクニック 테크닉

805 今に
_{いま}
［부］ 곧 / 조만간 / 머지않아 / 언젠가

彼は今にきっと一流の選手になる。
_{かれ いま いちりゅう せんしゅ}

그는 머지않아 틀림없이 일류 선수가 된다.

Section 2

패션
ファッション

806 格好(かっこう)
[명] 모습 / 모양

そんな格好で外出するのは、やめなさい。
그런 모습으로 외출하는 것은 그만두세요.

➕ かっこいい 근사하다 / 멋있다 · かっこ悪い 멋이 없다

807 持ち物(もちもの)
[명] 소지품

この女優の持ち物は全て有名ブランド品だ。
이 여배우의 소지품은 모두 명품이다.

808 身につける(みにつける)
[관] 입다 / 습득하다 / 몸에 익히다

①先生が身につけているものはセンスがいい。
②日本語を勉強して、会話力を身につけたい。
① 선생님이 입고 계신 것은 센스가 좋다.
② 일본어를 공부해서 회화력을 습득하고 싶다.

👉 ① 무언가를 입다 / 몸에 걸치다 ② 기술이나 지식을 사용할 수 있게 되다

809 センス
[명] 센스

彼女はセンスがよく、とても個性的だ。
그녀는 센스가 좋고 매우 개성적이다.

810 ダサい
[イ형] 촌스럽다 / 멋없다

弟はセンスが悪く、服装がダサい。
남동생은 센스가 나쁘고 복장이 촌스럽다.

811 いまひとつ
[부] 조금

この帽子は私にはいまひとつ似合わない。
이 모자는 나에게는 조금 어울리지 않는다.

🟰 いまいち

812 スタイル
[명] 몸매 / 스타일

①彼女はモデルみたいにスタイルがいい。
②これが私のライフスタイルだ。
① 그녀는 모델처럼 몸매가 좋다.
② 이것이 나의 라이프 스타일이다.

👉 ① 몸매 ② 스타일

813 足元(足下)(あしもと)
[명] 발밑 / 발끝

彼は足元のおしゃれにも、こだわっている。
그는 발끝의 멋부림에도 신경쓰고 있다.

Chapter 7

814	ウエスト	このスカートはウエストがきつい。
명	웨이스트 / 허리	이 스커트는 허리가 꼭 낀다.

815	見た目	妹は見た目は派手だが、性格は地味だ。
명	겉모습 / 외모	여동생은 겉모습은 화려하지만 성격은 수수하다.

➕ 外見 외관 / 겉보기 · 見かけ 외관 / 겉보기

816	人目	彼女の服装は街の中でも人目を引く。
명	주위 시선 / 눈길	그녀의 복장은 거리에서도 눈길을 끈다.

817	色彩	この服は色彩は豊かだが、派手ではない。
명	색채	이 옷은 색채는 다채롭지만 화려하지는 않다.

818	華やかな	妹は華やかな色が似合う。
ナ형	화려한	여동생은 화려한 색이 어울린다.

819	鮮やかな	鮮やかなピンクのシャツが欲しい。
ナ형	뚜렷한 / 선명한	선명한 분홍색 셔츠를 갖고 싶다.

820	統一〈する〉	上着とバッグの色を統一する。
명	통일 < 하다 >	겉옷과 가방의 색을 통일한다.

➕ 統一感 통일감

821	フリーサイズ	このTシャツはフリーサイズだ。
명	프리사이즈	이 티셔츠는 프리사이즈다.

822	ぶかぶか〈な / する〉	この服はデザインは好みだが、ぶかぶかだ。(ナ形)
ナ형 부	헐렁헐렁 < 한 / 하다 >	이 옷은 디자인은 취향이지만 헐렁헐렁하다.

➕ だぶだぶ〈な / する〉 헐렁헐렁 < 한 / 하다 >

823	生地	社長のスーツの生地は上等だ。
명	옷감 / 천	사장님의 슈트 옷감은 고급이다.

➕ 布 직물 / 천

👆 음식에 대해 말할 때도 사용될 수 있다. (예 : 피자 크러스트)

Section 2

824	綿 めん	綿の服は着心地が、とてもいい。
명	면	면 옷은 착용감이 아주 좋다.

= コットン

825	オーダーメイド	オーダーメイドでスーツを作った。
명	주문 제작	주문 제작으로 슈트를 만들었다.

826	サングラス	夏はサングラスが欠かせない。
명	선글라스	여름에는 선글라스를 빼놓을 수 없다.

827	(ボタンが) 取れる	このシャツはボタンが取れやすい。
동	(단추가) 떨어지다	이 셔츠는 단추가 떨어지기 쉽다.

828	浴衣 ゆかた	新しい浴衣を着て、花火大会に行きたい。
명	유카타	새 유카타를 입고 불꽃놀이 대회에 가고 싶다.

Chapter 7

이것도 외우자! ⑲

접사 : 높은 정도① 接辞：高程度①

- **大~** (대단하게)

【おお~】

大地震	대지진
大急ぎ	아주 급함
大仕事	큰 일
大騒ぎ	큰 소동
大まじめ	매우 진지한
大掃除	대청소
大喜び	큰 기쁨

【だい~】

大震災	대진재 / 대지진
大事件	대사건
大問題	큰 문제
大好評	대호평
大人気	큰 인기
大評判	큰 평판 / 대호평
大恋愛	열정적인 사랑

Section 3
엔터테인먼트
エンターテインメント

829 イベント
週末の<u>イベント</u>が楽しみだ。
명 이벤트 / 행사
주말 이벤트가 기대된다.

830 アイドル
大好きな<u>アイドル</u>のコンサートには必ず行く。
명 아이돌
아주 좋아하는 아이돌의 콘서트에는 반드시 간다.

➕ 芸能人 연예인 / 예능인・タレント 탤런트

831 ステージ
アイドルが<u>ステージ</u>に現れた。
명 스테이지 / 무대
아이돌이 무대에 나타났다.

➕ 舞台 무대

832 興奮〈する〉
会場の空気にファン達は<u>興奮した</u>。
명 흥분 < 하다 >
회장의 분위기에 팬들은 흥분했다.

833 続々[と]
会場に<u>続々と</u>人が集まった。
부 속속 [히]
회장에 속속 사람이 모였다.

834 演劇
父は<u>演劇</u>を見に行くのが趣味だ。
명 연극
아빠는 연극을 보러 가는 것이 취미다.

➕ [お]芝居 연극 / 연기

835 劇場
今度の日曜に、<u>劇場</u>に芝居を見に行く。
명 극장
이번 일요일에 극장에 연극을 보러 간다.

836 役者
好きな<u>役者</u>が出る演劇を見に行った。
명 배우
좋아하는 배우가 나오는 연극을 보러 갔다.

837 主役
<u>主役</u>は今一番人気がある女優だ。
명 주역 / 주인공
주인공은 지금 제일 인기 있는 여배우다.

Chapter 7

838 セリフ
名 대사
① 役者はセリフを覚えるのも仕事だ。
② 親に、よくそんなセリフが言えるわね。
① 배우는 대사를 외우는 것도 일이다.
② 부모에게 잘도 그런 말을 하는구나.

👍 ① 영화 등에서 등장 인물들이 쓰는 말 ② 누군가에게 말하는 특별한 방법

839 演技〈する〉
名 연기 < 하다 >
① あの俳優はかっこいいが、演技は下手だ。
② 彼女が泣いたのは、きっと演技だ。
① 저 배우는 잘생겼지만 연기는 못한다.
② 그녀가 운 것은 분명히 연기다.

➕ 芝居〈する〉연기 < 하다 > ・演じる 연기하다 / 맡다

👍 ① 말과 동작으로 테크닉을 보여주는 것 ② 누군가를 속이기 위해 무언가를 하는 것

840 オーケストラ
名 오케스트라
月に1回はオーケストラを聴きに行く。
한 달에 한 번은 오케스트라를 들으러 간다.

841 リズム
名 리듬
リズムに合わせて、みんなで踊る。
리듬에 맞춰서 다 같이 춤춘다.

842 鑑賞〈する〉
名 감상 < 하다 >
家で映画を鑑賞する。
집에서 영화를 감상한다.

➕ 音楽鑑賞〈する〉음악감상 < 하다 > ・芸術鑑賞〈する〉예술감상 < 하다 >

843 芸術家
名 예술가
これは有名な芸術家の物語だ。
이것은 유명한 예술가의 이야기다.

844 監督〈する〉
名 감독 < 하다 >
この監督の映画は全て見ている。
이 감독의 영화는 모두 보았다.

845 あらすじ
名 줄거리
ネットであらすじを見てから、映画を見に行く。
인터넷에서 줄거리를 보고 나서 영화를 보러 간다.

846 ありふれた〜
連体 어디에나 있는 / 흔한
どこかで聞いたようなありふれた話は、つまらない。
어디서 들어 본 듯한 흔한 이야기는 시시하다.

Section 3

847 イ형	ばかばかしい 어이없다 / 바보스럽다	あの映画はばかばかしいストーリーだが、面白かった。 그 영화는 어이없는 스토리지만 재미있었다.

➕ ばからしい 어처구니없다

848 명 ナ형	退屈〈な/する〉 たいくつ 지루함 < 한 / 하다 >	昨日の映画は退屈で、途中で寝てしまった。(ナ形) 어제 영화는 지루해서 도중에 자고 말았다.
849 명	人物 じんぶつ 인물	このドラマに登場する人物は、みんなユニークだ。 이 드라마에 등장하는 인물은 모두 유니크하다.
850 명	場面 ばめん 장면 / 상황	①主役が死ぬ場面で大声で泣いてしまった。 ②ビジネスの場面では敬語を話すべきだ。 ① 주인공이 죽은 장면에서 큰 소리로 울고 말았다. ② 비즈니스 상황에서는 경어를 말해야 한다.

👉 ① 영화나 연극의 한 장면 ② 어떤 일이 일어난 상황

851 명	展開〈する〉 てんかい 전개 < 하다 >	このゲームは予想できない展開で、面白かった。 이 게임은 예상할 수 없는 전개여서 재미있었다.
852 명	テンポ 템포	①この話はテンポが速くて、あっという間に終わった。 ②テンポの速い音楽の方が好きだ。 ① 이 이야기는 템포가 빨라서 순식간에 끝났다. ② 템포가 빠른 음악을 좋아한다.

👉 ① 일의 진행 속도 ② 음악의 속도

853 명	評判 ひょうばん 평판	彼の映画は評判がいいが、私は好きではない。 그의 영화는 평판이 좋지만 나는 좋아하지 않는다.
854 명	評価〈する〉 ひょうか 평가 < 하다 >	この監督の映画は海外で評価が高い。 이 감독의 영화는 해외에서 평가가 높다.

➕ 好評 호평
こうひょう

Chapter 7

855 感想
かんそう

名 감상

あの映画見たの？ 感想聞かせて。
えいが み　　かんそう き

그 영화봤니? 감상 들려줘.

➕ 感想文 감상문
　かんそうぶん

856 賞
しょう

名 상

人気映画の最新作が映画祭で賞をもらった。
にんきえいが　さいしんさく　えいがさい　しょう

인기 영화 최신작이 영화제에서 상을 받았다.

➕ 受賞〈する〉 수상<하다> · 大賞 대상 · グランプリ 그랑프리
　じゅしょう　　　　　　　　　たいしょう

Section 4
책
本（ほん）

| 857 | 書物（しょもつ）
명 책, 도서 | 子どもの頃から書物に親しむことは大切だ。
어릴 때부터 책을 가까이하는 것은 중요하다. |

➕ 書籍（しょせき） 서적

| 858 | 絵本（えほん）
명 그림책 | 絵本は子どもだけじゃなく、大人にも人気だ。
그림책은 어린이뿐 아니라 어른에게도 인기다. |

| 859 | 作品（さくひん）
명 작품 | この小説家の作品は世界中で読まれている。
이 소설가의 작품은 전 세계에서 읽히고 있다. |

➕ 名作（めいさく） 명작

| 860 | 著者（ちょしゃ）
명 저자 | 本屋で著者のサイン会が開かれている。
서점에서 저자의 사인회가 열리고 있다. |

➕ 作者（さくしゃ） 작자・筆者（ひっしゃ） 필자

| 861 | 書き手（かきて）
명 글쓴이 / 필자 / 작자 | この小説の書き手の気持ちが、わからない。
이 소설 작자의 마음을 모르겠다. |

↔ 読み手（よみて）

➕ 話し手（はなして） 화자 / 말하는 사람・聞き手（ききて） 듣는 사람

| 862 | ペンネーム
명 펜 네임 / 필명 | この著者のペンネームはユニークだ。
이 저자의 필명은 독특하다. |

➕ 本名（ほんみょう） 본명・芸名（げいめい） 예명

| 863 | 主人公（しゅじんこう）
명 주인공 | この物語の主人公は不思議な人物だ。
이 이야기의 주인공은 불가사의한 인물이다. |

➕ ヒロイン 여주인공・ヒーロー 남주인공

Chapter 7

864 ロマン
명 로망

彼が書くストーリーにはロマンがある。
그가 쓰는 스토리에는 로망이 있다.

➕ ロマンティックな 로맨틱한・ロマンティスト 로맨티스트

865 伝記 (でんき)
명 전기

偉い人の伝記から生き方を学ぶ。
위대한 사람의 전기에서 삶의 방식을 배운다.

866 人生 (じんせい)
명 인생

ある野球選手の人生が本になった。
어느 야구 선수의 인생이 책이 되었다.

867 神話 (しんわ)
명 신화

この本を読んでから、神話の世界に夢中だ。
이 책을 읽고 나서 신화의 세계에 빠져 있다.

868 中世 (ちゅうせい)
명 중세

彼女の本を読んで、中世に興味を持つようになった。
그녀의 책을 읽고 중세에 흥미를 갖게 되었다.

➕ 古代 (こだい) 고대

869 文明 (ぶんめい)
명 문명

これは世界の文明に関する本だ。
이것은 세계의 문명에 관한 책이다.

➕ 文明的な (ぶんめいてき) 문명적인 / 정중한

870 忠実な (ちゅうじつ)
ナ형 충실한

①この話は歴史に忠実に書かれている。
②犬は主人に忠実だ。
① 이 이야기는 역사에 충실하게 쓰여 있다.
② 개는 주인에게 충실하다.

👍 ① 원작과 같은 내용 ② 상관의 말에 따르다

871 奇妙な (きみょう)
ナ형 기묘한

このまんがのストーリーは奇妙だ。
이 만화의 스토리는 기묘하다.

872 背景 (はいけい)
명 배경

①この記事から事件の背景がわかる。
②滝を背景に写真を撮った。
① 이 기사에서 사건의 배경을 알 수 있다.
② 폭포를 배경으로 사진을 찍었다.

👍 ① 관찰할 수 없는 상황 ② 사진의 뒷배경

Section 4

873 実際 (じっさい)
명 실제
この小説の話は実際に起こったことだ。
이 소설의 이야기는 실제로 일어난 일이다.

874 文句 (もんく)
명 문구 / 글귀 / 불만
① 文句の一つひとつに作家の個性が出ている。
② 文句ばかり言っていないで、行動しなさい。
① 글귀 하나하나에 작가의 개성이 나타나 있다.
② 불만만 늘어놓지 말고 행동하세요.

👉 ① 문장에 쓰이는 말 ② 불평과 불만

875 果たして (はたして)
부 과연 / 정말로 / 역시
① 主人公は果たしてどうなるのだろうか。
② 果たして、天気予報通りに台風が来た。
① 주인공은 과연 어떻게 될 것인가?
② 역시 일기예보대로 태풍이 왔다.

👉 ① 질문 형태의 "정말로?" ② 계획대로

876 発想 〈する〉 (はっそう)
명 발상 < 하다 >
こんな発想ができるなんて、彼は天才だ。
이러한 발상이 가능하다니 그는 천재다.

877 由来 〈する〉 (ゆらい)
명 유래 < 하다 >
地名の由来について知りたいなら、この辞典がいい。
지명의 유래에 대해 알고 싶다면 이 사전이 좋다.

878 空想 〈する〉 (くうそう)
명 공상 < 하다 >
これは空想の世界の物語だ。
이것은 공상의 세계 이야기다.

879 連想 〈する〉 (れんそう)
명 연상 < 하다 >
この話は10年前の事件を連想させる。
이 이야기는 10년 전 사건을 연상시킨다.

880 解釈 〈する〉 (かいしゃく)
명 해석 < 하다 >
本の解釈は一つではない。読む人が決めればいい。
책의 해석은 하나가 아니다. 읽는 사람이 정하면 된다.

881 発行 〈する〉 (はっこう)
명 발행 < 하다 >
新作が発行されて、100万部も売れている。
신작이 발행되어 100만부나 팔렸다.

Chapter 7

882 生み出す
동 생산하다 / 만들어 내다

彼はデビュー以来、多くの名作を生み出している。

그는 데뷔 이래 많은 명작을 만들어 내고 있다.

883 読書家
명 독서가

読書家の父の影響で、私もよく本を読む。

독서가인 아빠의 영향으로 나도 자주 책을 읽는다.

➕ 勉強家 열심히 공부하는 사람・努力家 노력가

Section 4

이것도 외우자! ⑳

➕ 접사 : 높은 정도 ②　接辞：高程度 ②

● **超~** (보통을 벗어난)

超満員	초만원
超能力	초능력
超特急	초특급
超音波	초음파
超音速	초음속
超高層	초고층
超自然	초자연

● **最~** (그 중에서 으뜸)

最高級	최고급
最上級	최상급
最高潮	최고조
最年長	최연장
最年少	최연소
最優秀	최우수
最大級	최대급
最小限	최소한

Section 5
취미・취향

趣味(しゅみ)・好み(このみ)

884	習い事 ならごと 명 배우는 일	子どもの頃、ピアノなどの習い事をしていた。 어릴 때 피아노 등의 배우는 것을 했다.

➕ けいこ 배움 / 익힘 / 연습

885	こだわる 동 고집하다 / 구애되다 / 집착하다	①母は外出するとき、靴にこだわる。 ②そんなことに、いつまでこだわっているの？ ① 엄마는 외출할 때 신발에 집착한다. ② 그런 것에 언제까지 집착할거니?

👍 ① 사소한 세부 사항에 대한 선호도 ② 쓸데없이 사물을 까다롭게 다루다

886	こだわり 명 고집	彼はコーヒーの入れ方にこだわりがある。 그는 커피를 내리는 방법에 고집이 있다.

887	凝る こる 동 빠지다 / 열중하다	最近、父は釣りに凝っている。 최근 아빠는 낚시에 열중해 있다.

➕ 凝り性 매우 열중하는 성질

888	熱中〈する〉 ねっちゅう 명 열중 < 하다 >	弟はオンラインゲームに熱中している。 남동생은 온라인 게임에 열중하고 있다.

889	コレクション〈する〉 명 컬렉션 / 수집 < 하다 >	海外の絵をコレクションしている。 해외의 그림을 수집하고 있다.

➕ コレクター 콜렉터 / 수집가

890	多彩な たさい ナ형 다채로운	先生は多彩な趣味を持っている。 선생님은 다채로운 취미를 갖고 있다.

891	素人 しろうと 명 초보자 / 아마추어	写真を始めたが、まだまだ素人だ。 사진을 시작했지만 아직 초보자다.

↔ 玄人 くろうと

Section 5

892 初心者 (しょしんしゃ)
명 초심자 / 초보자

この教室は茶道の初心者でも、ていねいに教える。
이 교실은 다도 초보자라도 자세하게 가르친다.

➕ 初歩 초보 / 입문

893 本格的な (ほんかくてき)
ナ형 본격적인

本格的に絵を習うことにした。
본격적으로 그림을 배우기로 했다.

894 名人 (めいじん)
명 명인

父は自分のことを「釣りの名人」と呼んでいる。
아빠는 자신을 "낚시의 명인"이라고 부르고 있다.

➕ 達人 (たつじん) 달인

895 共通〈する〉 (きょうつう)
명 공통 〈하다〉

彼との共通の趣味はクラシック音楽だ。
그와의 공통된 취미는 클래식 음악이다.

896 ブーム
명 붐 / 유행

ジョギングがブームになって、何年も経つ。
조깅이 유행이 된 지 몇 년이 지났다.

➕ マイブーム 개인적으로 빠져있는 것

897 アウトドア
명 아웃도어

週末はいつも、アウトドアを楽しんでいる。
주말은 언제나 아웃도어를 즐기고 있다.

= アウトドアアクティビティ　↔ インドア
➕ アウトドアライフ 아웃도어 라이프

898 編み物 (あみもの)
명 뜨개질

母から編み物を教わっている。
엄마에게 뜨개질을 배우고 있다.

➕ 編む (あむ) 엮다 / 뜨다

899 手品 (てじな)
명 마술

宴会で趣味の手品を見てもらった。
연회에서 취미인 마술을 선보였다.

➕ マジック 매직 / 마술・マジシャン 매지션 / 마술사

Chapter 7

900 占い (うらな)
명 점 / 점술
占いが好きで、本を買って勉強している。
점술을 좋아해서 책을 사서 공부하고 있다.

➕ 占う 점치다・星座占い 별자리 점・血液型占い 혈액형 점・手相占い 손금 점

901 手話 (しゅわ)
명 수화
先月から手話の教室に通い始めた。
지난달부터 수화 교실에 다니기 시작했다.

902 伝統 (でんとう)
명 전통
留学をきっかけに、日本の伝統に興味を持った。
유학을 계기로 일본의 전통에 흥미를 가지게 되었다.

➕ 伝統的な 전통적인

903 作法 (さほう)
명 예의범절 / 예절
日本で生け花や茶道の作法を学びたい。
일본에서 꽃꽂이와 다도 예절을 배우고 싶다.

904 撮影〈する〉 (さつえい)
명 촬영 < 하다 >
先週、風景や建物を、たくさん撮影した。
지난 주에 풍경과 건물을 많이 촬영했다.

➕ 記念撮影〈する〉 기념촬영 < 하다 >

905 レンズ
명 렌즈
このレンズはカメラより高かった。
이 렌즈는 카메라보다 비쌌다.

906 宝くじ (たから)
명 복권
毎週月曜日に宝くじを買う。
매주 월요일에 복권을 산다.

907 当たる (あ)
동 당첨되다 / 부딪치다
① 宝くじで10万円当たった。
② 野球のボールが当たって、腕にけがをした。
① 복권에서 10 만엔 당첨됐다.
② 야구 공에 맞아서 팔에 부상을 입었다.

↔ 外れる (はず)

➕ (〜を) 当てる ~(을) 맞히다 / 명중시키다・当たり 성공 / 명중

👍 ① 예상대로 이루어지다 ② 무언가와 부딪치다

Section 5

908	コツ	ギターがうまくなる<u>コツ</u>を知りたい。
명	팁 / 요령	기타를 잘 치는 요령을 알고 싶다.

909	瞬間 _{しゅんかん}	決定的<u>瞬間</u>の動画をサイトにアップする。
명	순간	결정적 순간의 동영상을 사이트에 올린다.

910	組み合わせる _{く あ}	四角い箱を<u>組み合わせて</u>棚を作る。
동	합치다 / 조합하다	네모난 상자를 조합하여 선반을 만든다.

➕ 組み合わせ 조합 / 편성

911	身近〈な〉 _{みぢか}	好きな物は、いつも<u>身近</u>に置いておきたい。(名) 世間は<u>身近な</u>問題に興味を持つ。(ナ形)
명 ナ형	가까이 / 일상적인	좋아하는 물건은 항상 가까이에 두고 싶다. 세상은 일상적인 문제에 흥미를 갖는다.

N2
Chapter
8
자연・레저

自然・レジャー
しぜん

			단어 No.
1	기후와 날씨	気候と天気	912~940
2	태풍・지진	台風・地震	941~963
3	자연	自然	964~985
4	휴일	休日	986~1013
5	여행	旅行	1014~1047

Section 1

기후와 날씨

気候と天気 (きこうとてんき)

912	気候 (きこう)	この辺りは一年中温暖な気候だ。
명	기후	이 주변은 일년 내내 온난한 기후다.

➕ 天候 천후 / 기후 / 날씨

913	シーズン	一番いいシーズンを選んで、旅行に行く。
명	시즌 / 계절	가장 좋은 시즌을 골라서 여행을 간다.

➕ シーズンオフ 시즌 오프 / 비수기

914	四季 (しき)	日本には、春、夏、秋、冬の四季がある。
명	사계 / 사계절	일본에는 봄, 여름, 가을, 겨울의 사계절이 있다.

➕ 春夏秋冬 춘하추동

915	ふくらむ	①桜のつぼみがふくらみ始めた。 ②入学が決まり、期待に胸がふくらむ。
동	부풀다	① 벚꽃 봉오리가 부풀어 오르기 시작했다. ② 입학이 확정되어 기대에 가슴이 부푼다.

➕ (～を) ふくらます 부풀게 하다 / 부풀리다 / 불룩하게 하다

👉 ① 꽃봉오리가 통통하게 되다 ② 커져가는 / 팽창하는

916	梅雨 (つゆ)	春が終わり、もうすぐ梅雨が始まる。
명	장마	봄이 끝나고 곧 장마가 시작된다.

➕ 梅雨入り 장마철에 들어감 · 梅雨明け 장마철이 끝남 · 梅雨前線 장마전선 (ばいうぜんせん)

👉 梅雨前線은 "ばいうぜんせん"라고 읽는다.

917	初夏 (しょか)	真夏ではなく、初夏が好きだ。
명	초여름	한여름이 아니라 초여름을 좋아한다.

918	温帯 (おんたい)	温帯では4つの季節がある。
명	온대	온대에는 4개의 계절이 있다.

➕ 熱帯 열대 · 亜熱帯 아열대

Chapter 8

919	属する 동 속하다	日本は温帯に属するが、亜熱帯化してきた。 일본은 온대에 속하지만 아열대화 되었다.
920	確率 명 확률	明日の降水確率は100パーセントだ。 내일 강수 확률은 100 퍼센트다.
921	夕立 명 소나기	夕立が降る前に家に帰ろう。 소나기가 내리기 전에 집에 돌아가자.
922	にわかな ナ형 불현듯이 / 갑자기	空がにわかに暗くなってきた。 하늘이 갑자기 어두워졌다.

➕ にわか雨 소나기

923	覆う 동 덮다	空が黒い雲に覆われている。 하늘이 시꺼먼 구름에 덮여 있다.
924	びしょびしょな ナ형 흠뻑 젖은 모양	突然雨に降られて、びしょびしょになった。 갑자기 비를 맞아서 흠뻑 젖었다.

➕ びしょぬれ 흠뻑 젖음

925	あいにく〈な〉 ナ형/부 공교롭게〈도〉/ 짓궂은	今日はあいにくなお天気ですね。(ナ形) 오늘은 짓궂은 날씨군요.
926	吹雪 명 눈보라	明日は吹雪になりそうだ。 내일은 눈보라가 칠 것 같다.
927	凍える 동 얼다 / 얼어붙다	北国の冬は凍えそうな寒さだ。 북쪽 지방의 겨울은 얼어붙을 것 같은 추위다.
928	冷え込む 동 춥다 / 추위가 격해지다	今朝は、とても冷え込んでいた。 오늘 아침은 매우 추웠다.

➕ 冷え込み 추위가 매서워짐 / 기온이 뚝 떨어짐

Section 1

929 □	陽気〈な〉 ようき **명/ナ형** 날씨 / 쾌활 / 명랑 <한>	今日は陽気がいい。(名) 彼は本当に陽気な人だ。(ナ形) 오늘은 날씨가 좋다. 그는 정말로 쾌활한 사람이다.

👉 명사는 날씨를 말하고 ナ형용사는 밝고 활동적인 성격을 말한다.

930 □	日和 ひより **명** 일기 / 좋은 날씨	今日は洗濯日和になりそうだ。 오늘은 빨래하기 좋은 날씨가 될 것 같다.

➕ 散歩日和 산책하기 좋은 날씨 · 行楽日和 놀러가기 좋은 날씨
　さんぽびより　　　　　　　　　　こうらくびより

931 □	日差し ひざし **명** 햇살 / 볕	今日は日差しが強いので、傘をさして出かける。 오늘은 햇살이 강해서 우산을 쓰고 나간다.
932 □	いっそう **부** 한층 더	雨はいっそう強くなった。 비는 한층 더 강해졌다.
933 □	一段と いちだんと **부** 한층 / 더욱	暑さが一段と厳しくなってきた。 더위가 한층 심해졌다.
934 □	急速な きゅうそくな **ナ형** 급속한	今日は明け方、急速に冷え込んだ。 오늘은 새벽녘에 급속히 추워졌다.
935 □	ぐんぐん[と] **부** 부쩍부쩍[하게]	朝からぐんぐん気温が上がっている。 아침부터 부쩍 기온이 오르고 있다.
936 □	いくぶん **부** 조금 / 어느 정도	雨はいくぶん弱くなった。 비는 어느 정도 약해졌다.

🟰 いくらか

937 □	めっきり **부** 뚜렷이 / 현저히 / 제법	年末が近くなり、めっきり寒くなった。 연말이 가까워져 부쩍 추워졌다.

Chapter 8

938 □ 부	あまりに［も］ 너무나 [도]	今年の夏は<u>あまりにも</u>暑い。 <small>ことし なつ あつ</small> 올해 여름은 너무나도 덥다.
939 □ 명	差 <small>さ</small> 차이 / 차	今週は昼間と夜の気温に<u>差</u>がある。 <small>こんしゅう ひるま よる きおん さ</small> 이번 주는 낮과 밤의 기온에 차이가 있다.
940 □ 명 부	本来 <small>ほんらい</small> 본래 / 원래	この地域は<u>本来</u>、雪は降らない。（副） <small>ちいき ほんらい ゆき ふ</small> 이 지역은 원래 눈은 내리지 않는다.

Section 2
태풍·지진

台風(たいふう)・地震(じしん)

941	接近〈する〉	台風が日本に接近している。
명	접근〈하다〉	태풍이 일본으로 접근하고 있다.

942	備える	台風に備えて、社員は早めに退社した。
동	대비하다	태풍에 대비해서 사원은 일찍 퇴근했다.

943	砂	砂を袋に詰めて、家の前に積む。
명	모래	모래를 자루에 담아서 집 앞에 쌓는다.

944	あふれる	大雨で川の水があふれている。
동	넘치다	큰비로 강물이 넘치고 있다.

➕ 洪水 홍수

945	降水量	今月、この地域では例年にない降水量を記録した。
명	강수량	이번 달 이 지역에서는 예년에 없던 강수량을 기록했다.

➕ 雨量 우량/강우량/강수량・降雪量 강설량

946	観測〈する〉	最近、日本の各地で地震を観測している。
명	관측〈하다〉	최근 일본 각지에서 지진을 관측하고 있다.

947	大気	今週は大気が不安定だ。
명	대기	이번 주는 대기가 불안정하다.

➕ 気圧 기압

948	荒れる	①天気予報によると、明日は海が荒れるそうだ。 ②最近、肌が荒れて仕方ない。
동	거칠어지다	① 일기예보에 의하면 내일은 바다가 거칠어진다고 한다. ② 요즘 피부가 거칠어져서 견딜 수 없다.

👍 ① 날씨가 나빠지다 ② 피부가 매끈함을 잃다

Chapter 8

949 傾く
- 동 기울다 / 줄어들다
- ① 台風で大きな木が傾いた。
- ② 不景気で会社が傾いている。
- ① 태풍으로 커다란 나무가 기울었다.
- ② 불경기로 회사가 기울고 있다.

👍 ① 무언가가 기울다 ② 힘이나 에너지를 잃다

950 またぐ
- 동 넘다
- 倒れた木をまたいで、先に進む。
- 쓰러진 나무를 넘어서 앞으로 나아간다.

951 応答〈する〉
- 명 응답 < 하다 >
- 家が崩れた現場で名前を呼んだが、応答がない。
- 집이 무너진 현장에서 이름을 불렀지만 응답이 없다.

952 静まる
- 동 (조용히) 가라앉다 / 안정되다
- 夜になって、雨も風も静まった。
- 밤이 되자 비도 바람도 가라앉았다.

953 もたらす
- 동 초래하다 / 가져오다
- 台風が、この地域に大きな被害をもたらした。
- 태풍이 이 지역에 큰 피해를 가져왔다.

954 及ぼす
- 동 영향을 주다 / 끼치다
- 台風が農業に大きな被害を及ぼした。
- 태풍이 농업에 큰 피해를 끼쳤다.

955 及ぶ
- 동 미치다 / 이르다
- 地震の被害は数十億円に及んだ。
- 지진 피해는 수십 억 엔에 이르렀다.

956 去る
- 동 떠나다
- 大型の台風が、ようやく去った。
- 대형 태풍이 드디어 지나갔다.

957 ひとまず
- 부 하여튼 / 일단
- 台風が去り、ひとまず安心だ。
- 태풍이 지나가서 일단 안심이다.

958 直後
- 명 직후
- スマホが鳴った直後、地震が起きた。
- 스마트폰이 울린 직후에 지진이 일어났다.

 直前

Section 2

959 行動 〈する〉 (こうどう)
명 행동 < 하다 >

地震です。皆さん、落ち着いて行動してください。
지진입니다. 여러분 침착하게 행동해 주십시오.

➕ 自由行動 자유행동・団体行動 단체행동

960 万一 (まんいち)
명/부 만일

万一、大地震が起きたときに備えておく。(副)
만일 대지진이 일어날 때에 대비해 둔다.

👉 부정적인 상황에 사용된다.

961 傾向 (けいこう)
명 경향

台風などの天災が最近増える傾向にある。
태풍 등의 천재지변이 최근 늘어나는 경향이 있다.

962 達する (たっ)
동 도달하다 / 달하다

台風の被害は5億円に達した。
태풍 피해는 5억엔에 달했다.

963 災害 (さいがい)
명 재해

常に災害に備えておくことが大切だ。
항상 재해에 대비해 두는 것이 중요하다.

➕ 天災 천재・人災 인재

Chapter 8

이것도 외우자! ㉑

➕ 접사 : 인상 감상 등① 接辞:印象・感想等①

• **~やすい**

(쉽게 되다)

書きやすい	쓰기 쉽다 / 편하다
見やすい	보기 쉽다 / 편하다
話しやすい	이야기하기 쉽다
食べやすい	먹기 쉽다 / 편하다
飲みやすい	마시기 쉽다
わかりやすい	알기 쉽다
相談しやすい	상담하기 쉽다

(그럴 경향이 강하다)

汚れやすい	더러워지기 쉽다
切れやすい	끊기 쉽다 / 편하다
変わりやすい	바뀌기 쉽다
間違えやすい	틀리기 쉽다

Section 3

자연

自然（しぜん）

964	**大地**(だいち) 명 대지	アフリカの大地を、いつか訪れたい。 아프리카의 대지를 언젠가 방문하고 싶다.
965	**広大な**(こうだい) ナ형 광대한	広大な森林には多くの動物がいる。 광대한 삼림에는 많은 동물이 있다.
966	**砂漠**(さばく) 명 사막	ここから先は、砂漠がどこまでも続いている。 여기서부터는 사막이 끝없이 이어지고 있다.

➕ 砂丘(さきゅう) 사구 / 모래 언덕

967	**谷**(たに) 명 골짜기	谷の間を川が流れている。 골짜기 사이를 강이 흐르고 있다.
968	**滝**(たき) 명 폭포	ナイアガラの滝はカナダとアメリカの境にある。 나이아가라 폭포는 캐나다와 미국의 경계에 있다.
969	**岸**(きし) 명 물가 / 기슭	川の向こうの岸まで泳げるだろうか。 강 건너편 기슭까지 헤엄칠 수 있을까?
970	**海辺**(うみべ) 명 해변 / 바닷가 / 해안	海辺の町に住むのが昔からの夢だ。 바닷가 마을에 사는 것이 옛날부터 꿈이다.

➕ 浜辺(はまべ) 바닷가 / 해변

971	**透明な**(とうめい) ナ형 투명한	海が透明で、魚が泳いでいるのが見える。 바다가 투명하고 물고기가 헤엄치는 것이 보인다.
972	**底**(そこ) 명 바닥	この海は透明で、底まで見えそうだ。 이 바다는 투명해서 바닥까지 보일 것 같다.

➕ 海底(かいてい) 해저

Chapter 8

973 生き物
い もの
명 생물

生き物は大切に飼わなければならない。
생물은 소중하게 길러야 한다.

974 生物
せいぶつ
명 생물

研究者が森林で生物に関する調査を行う。
연구자가 삼림에서 생물에 관한 조사를 실시한다.

975 植物
しょくぶつ
명 식물

庭で、いろいろな植物を育てている。
정원에서 여러 가지 식물을 키우고 있다.

976 芽
め
명 싹

春が訪れて、花の芽が出た。
봄이 찾아오고 꽃의 싹이 나왔다.

977 人間
にんげん
명 인간

人間は自然とうまく付き合いながら生きてきた。
인간은 자연과 잘 어울리며 살아왔다.

➕ 人類 인류
じんるい

978 天然
てんねん
명 천연

天然の資源を大事に使う。
천연 자원을 소중히 사용한다.

➕ 天然ガス 천연가스・天然自然 천연자연
てんねん　　　　　　　てんねんしぜん

979 日光
にっこう
명 햇빛 / 일광

公園に行って、日光をたくさん浴びる。
공원에 가서 햇빛을 많이 쬐다.

➕ 日光浴〈する〉 일광욕 < 하다 >
にっこうよく

980 昇る
のぼ
동 뜨다 / 떠오르다

朝日が昇る光景は美しい。
아침 해가 떠오르는 광경은 아름답다.

↔ 沈む
しず

981 日陰
ひかげ
명 그늘

日陰と日なたでは気温が3度くらい違う。
그늘과 양지는 기온이 3도 가량 다르다.

↔ 日なた
ひ

Section 3

982 夕焼け
ゆうや
명 저녁노을

夕焼けがきれいだ。明日は晴れるだろう。
저녁노을이 예쁘다. 내일은 맑을 것이다.

983 飛び回る
と まわ
동 날아다니다 / 뛰어다니다

①この島では、いろいろな種類の鳥が飛び回っている。
②彼は一年中、仕事で世界を飛び回っている。
① 이 섬에는 여러 가지 종류의 새가 날아다닌다.
② 그는 일년 내내 일로 전 세계를 돌아다닌다.

👉 ① 하늘을 날다 ② 바쁘게 뛰어다니다

984 鳴く
な
동 소리를 내다 / 울다

森の中で鳥が鳴いている。
숲 속에서 새가 울고 있다.

985 し[い]んと〈する〉
부 조용히〈하다〉

森の中は何も聞こえず、しんとしている。
숲 속은 아무 소리도 들리지 않고 조용하다.

➕ ひっそり[と]〈する〉 조용히 / 고요히〈하다〉

Section 4
휴일
休日 (きゅうじつ)

986 休息 〈する〉
きゅうそく
명 휴식 < 하다 >

休みの日は休息のために使う。
쉬는 날은 휴식을 위해 사용한다.

987 ゆっくり 〈する〉
부 천천히 < 하다 > /
느긋하게 / 충분히

休日は時間を忘れて、ゆっくりする。
휴일은 시간을 잊고 한가하게 보낸다.

988 ごろごろ 〈する〉
부 빈둥빈둥 < 하다 >

休みの日は家でごろごろするのが一番だ。
쉬는 날은 집에서 빈둥빈둥하는 것이 제일이다.

989 だらだら[と]〈する〉
부 뻔둥뻔둥 [하게]/
지루하게 < 하다 >

だらだらと一日過ごしてしまい、夜、後悔した。
지루하게 하루를 보내버려서 밤에 후회했다.

990 のびのび 〈する〉
부 편하고 느긋 < 하다 >

昨日試験が終わった。久しぶりにのびのびできる。
어제 시험이 끝났다. 오랜만에 느긋하게 지낼 수 있다.

991 くつろぐ
동 유유자적하다 /
편안히 쉬다

家でくつろぎながら、映画を見る。
집에서 편하게 쉬면서 영화를 본다.

992 こもる
동 가득 차다

①休みの日は、家にこもってゲームをしている。
②台所に魚を焼いた臭いがこもっている。

① 쉬는 날은 집에 틀어박혀 게임을 하고 있다.
② 부엌에 생선을 구운 냄새가 자욱하다.

➕ ①引きこもる 틀어박히다 / 죽치다

👉 ① 실내에 있으면서 전혀 떠나지 않다 ② 냄새가 안에 남아 공간을 메우다.

Section 4

993	ぐうぐう	①疲れていたのか、ぐうぐう寝てしまった。 ②おなかがぐうぐう鳴っている。
부	쿨쿨 / 꼬르륵	① 피곤했는지 쿨쿨 잠들어 버렸다. ② 배가 꼬르륵 울리고 있다.

👉 ① 푹 자고 있는 모습 ② 배고플 때 나는 소리

994	どっと	①平日の疲れが週末にどっと出た。 ②映画を見て、観客がどっと笑った。
부	우르르 / 와	① 평일의 피로가 주말에 한꺼번에 밀려왔다. ② 영화를 보고 관객이 와하고 웃었다.

👉 ① 한꺼번에 많은 양이 나오다 ② 한꺼번에 많은 사람이 큰 소리를 내다

995	切り替える	日曜は気持ちをオフに切り替える。
동	전환하다	일요일은 기분을 오프로 전환한다.

996	あれこれ	休みの日も、あれこれやることが多い。(副)
명 부	이것저것	쉬는 날도 이것저것 할 일이 많다.

= あれやこれや

997	芝生	公園で芝生の上に寝て、本を読む。
명	잔디	공원에서 잔디 위에 누워 책을 읽는다.

998	転がる	公園のベンチに座っていたら、ボールが転がってきた。
동	구르다	공원 벤치에 앉아 있는데 공이 굴러왔다.

➕ (〜を) 転がす 굴리다

999	うなる	①散歩中の犬がこちらを見て、「ウーッ」とうなった。 ②試験問題があまりに難しくて、思わずうなった。
동	신음하다 / 으르렁거리다	① 산책 중인 개가 이쪽을 보고 "끄르릉" 하고 으르렁거렸다. ② 시험 문제가 너무 어려워서 나도 모르게 신음했다.

👉 ① 동물이 낮은 소리를 내어 상대방을 겁주어 쫓아내다 ② 고통스러워 말도 못하고 나지막한 소리를 내뿜다

Chapter 8

1000	ボート	湖で彼女とボートに乗る。
명	보트	호수에서 그녀와 보트를 탄다.

1001	こぐ	私はボートをこぐのが得意だ。
동	젓다	나는 보트를 젓는 것이 특기다.

1002	展覧会	散歩のついでに、展覧会を見に行った。
명	전람회	산책하는 김에 전람회를 보러 갔다.

➕ 展示会 전시회

1003	ばったり	①美術館でばったり友達に会った。 ②マラソンでゴールして、ばったり倒れた。
부	딱 / 픽 / 퍽	① 미술관에서 딱 친구를 만났다. ② 마라톤에서 골인하고 퍽 쓰러졌다.

👍 ① 우연히 ② 갑자기 쓰러지다

1004	はらはら〈する〉	野球の試合ではらはらしながら、弟を応援した。
부	전전긍긍 / 조마조마<하다>	야구 시합에서 조마조마하면서 동생을 응원했다.

➕ ひやひや〈する〉 조마조마<하다> / 간담이 서늘한 모양

1005	[お]墓	月に1回、我が家のお墓に行く。
명	묘 / 무덤	한 달에 한 번 우리 집 묘지로 간다.

➕ 墓地 묘지・[お]墓参り〈する〉 성묘<하다>

1006	突っ込む	休日出勤で、鞄に書類を突っ込んで出かけた。
동	처넣다 / 집어넣다	휴일 출근으로 가방에 서류를 집어넣고 나갔다.

1007	見渡す	山に登って、遠くを見渡す。
동	전망하다	산에 올라서 먼 곳을 바라본다.

Section 4

1008 眺める(ながめる)
① 山を眺めると、リラックスできる。
② 毎晩寝る前に家族の写真を眺める。

동 전망하다
① 산을 바라보면 릴랙스할 수 있다.
② 매일 밤 자기 전에 가족 사진을 바라본다.

👉 ① 먼 곳에 있는 것을 주의깊게 바라보다 ② 무언가를 주의깊게 바라보다

1009 眺め(ながめ)
ここからの眺めは最高だ。

명 전망
이곳에서의 전망은 최고다.

1010 かすかな
天気は悪いが、かすかに富士山が見える。

ナ형 희미한
날씨는 나쁘지만 희미하게 후지산이 보인다.

1011 おぶう
寝てしまった子どもをおぶって帰った。

동 업다
잠들어버린 아이를 업고 돌아갔/왔다.

= 背負(せお)う ➕ おんぶ〈する〉 어부바〈하다〉

1012 最適(さいてき)な
日曜日は外出に最適な天気だった。

ナ형 최적인
일요일은 외출에 최적의 날씨였다.

1013 余裕(よゆう)
① 今年は休む余裕はなさそうだ。
② 彼には余裕が見られる。成績はもっと伸びそうだ。

명 여유
① 올해는 쉴 여유가 없을 것 같다.
② 그에게는 여유가 보인다. 성적은 더 올라갈 것 같다.

👉 ① 공간/틈이 있다 ② 한계에 도달하지 않아 아직 더 여유가 있다

Chapter 8

이것도 외우자！㉒

➕ 접사 : 인상 감상 등② 接辞(せつじ)：印象(いんしょう)・感想(かんそう)等②

• ~づらい (그것을 하기가 어렵다)

聞(き)きづらい	듣기 어렵다 / 불편하다
見(み)づらい	보기 어렵다 / 불편하다
歩(ある)きづらい	걷기 어렵다 / 불편하다
使(つか)いづらい	사용하기 어렵다 / 불편하다
入(はい)りづらい	들어가기 어렵다

Section 5

여행

旅行（りょこう）

1014 旅(たび)
명 여행

初めて一人で旅をした。
처음으로 혼자서 여행을 했다.

➕ 一人旅(ひとりたび) 혼자 여행함・個人旅行(こじんりょこう) 개인 여행

1015 レジャー
명 레저

今年は夏のレジャーを楽しむ予定だ。
올해는 여름 레저를 즐길 예정이다.

➕ 娯楽(ごらく) 오락

1016 訪れる(おとず)
동 방문하다 / 찾아오다

① ここは週末になると、多くの観光客が訪れる。
② もうすぐ桜の季節が訪れる。
① 이곳은 주말이 되면 많은 관광객이 방문한다.
② 이제 곧 벚꽃의 계절이 찾아온다.

👉 ① 목적을 가지고 방문하다 ② 조건 또는 시기가 다가오다

1017 体験(たいけん)〈する〉
명 체험〈하다〉

異文化に接する体験は、きっと将来の役に立つ。
이문화를 접하는 체험은 분명 장래에 도움이 된다.

1018 冒険(ぼうけん)〈する〉
명 모험〈하다〉

たまには少し冒険してみたい。
가끔은 조금 모험해 보고 싶다.

1019 見聞き(みき)〈する〉
명 견문〈하다〉/ 보고 듣다

旅行で知らないことを見聞きしたい。
여행에서 모르는 것을 견문하고 싶다.

1020 巡る(めぐ)
동 순회하다 / 둘러싸다

① 世界遺産を巡るのが夢だった。
② 税金を巡る問題が起きている。
① 세계유산을 둘러보는 것이 꿈이었다.
② 세금을 둘러싼 문제가 일어나고 있다.

➕ ① 名所巡り(めいしょめぐり) 명소 순례

👉 ① 이곳저곳을 돌아다니다 ② 무언가와 관련되다

Chapter 8

1021 プラン
名 플랜 / 계획

夏休みのプランを立てる。
여름 방학 계획을 세운다.

➕ 計画 계획

1022 思い立つ
동 생각나다 / 결심하다

連休中、急に旅行を思い立った。
연휴 중에 갑자기 여행을 결심했다.

1023 豪華な
ナ形 호화로운

世界を巡る豪華な船旅をしてみたい。
세계를 순회하는 호화로운 선박 여행을 해보고 싶다.

1024 手配〈する〉
명 수배 / 준비 < 하다 >

① 旅行会社でホテルと飛行機を手配した。
② 手配されていた犯人が、やっと捕まった。
① 여행사에서 호텔과 비행기를 수배했다.
② 수배된 범인이 드디어 붙잡혔다.

➕ ②指名手配〈する〉 지명수배 < 하다 >

👍 ① 일이나 여행을 준비하다 ② 범인 체포를 위한 신원 공개

1025 前もって
부 미리 앞서 / 사전에

現地の友達に前もって連絡しておこう。
현지 친구에게 사전에 연락을 해 두자.

1026 便
명 편

出発は午後の便になった。
출발은 오후 편이 되었다.

➕ フライト 비행

1027 空席
명 공석 / 빈자리

飛行機に空席があって、よかった。
비행기에 공석이 있어서 다행이다.

1028 超過〈する〉
명 초과 < 하다 >

荷物が多すぎて、空港で超過料金を払った。
짐이 너무 많아서 공항에서 초과요금을 지불했다.

➕ オーバー〈する〉 초과 < 하다 >

1029 飛ぶ
동 날다

飛行機は時間通りに飛んだ。
비행기는 제 시간에 출발했다.

➕ 離陸〈する〉 이륙 < 하다 > · 着陸〈する〉 착륙 < 하다 >

Section 5

1030 思いがけず
부 예상치 못하게 / 뜻밖에

思いがけず、知り合いと同じ便だった。
뜻밖에 지인과 같은 항공편이었다.

➕ 思いがけない 의외이다 / 뜻밖이다

1031 引き返す
동 되돌아가다

行きの便はエンジントラブルで、空港に引き返した。
가는 항공편은 엔진 트러블로 공항으로 되돌아갔 / 왔다.

1032 間もなく
부 곧

バスは間もなく目的地に着く。
버스는 곧 목적지에 도착한다.

1033 宿泊〈する〉
명 숙박 < 하다 >

町の中心にあるホテルに宿泊した。
시내 중심에 있는 호텔에 숙박했다.

1034 大幅な
ナ형 큰 폭으로 / 대폭

連休中は旅行代が大幅に上がる。
연휴 중에는 여행비가 큰 폭으로 오른다.

1035 旅先
명 여행지

旅先から友達に、はがきを送った。
여행지에서 친구에게 엽서를 보냈다.

1036 各地
명 각지

連休に友達と日本の各地を回るつもりだ。
연휴에 친구와 일본 각지를 돌아다닐 생각이다.

1037 名所
명 명소

観光の名所をガイドブックで調べる。
관광 명소를 가이드 북에서 찾는다.

➕ 観光名所 관광 명소

1038 市場
명 시장

外国の市場には見たこともない野菜がある。
외국 시장에는 본 적도 없는 채소가 있다.

1039 免税店
명 면세점

空港の免税店で化粧品を買った。
공항 면세점에서 화장품을 샀다.

➕ 免税品 면세품

Chapter 8

1040 風景 / ふうけい
명 풍경

目の前の風景を、しっかりと記憶しておこう。
눈앞의 풍경을 확실히 기억해 두자.

➕ 夜景 야경

1041 海水浴 / かいすいよく
명 해수욕

ホテルの近くに海があるので、海水浴もできる。
호텔 근처에 바다가 있어서 해수욕도 가능하다.

1042 もぐる
동 잠수하다

こんな美しい海にもぐれるなんて、感動する。
이렇게 아름다운 바다에 잠수할 수 있다니 감동이다.

➕ ダイビング 다이빙

1043 跡 / あと
명 자취

砂の上に、足の跡がはっきり残った。
모래 위에 발자국이 뚜렷하게 남았다.

➕ 足跡 발자취 / 발자국 / 행적・城跡 성터

1044 位置 / いち
명 위치

スマホで現在の位置を調べる。
스마트폰으로 현재 위치를 알아본다.

1045 めいめい
명 각각 / 각자

朝はめいめい好きなものを皿にとって食べる。
아침은 각자 좋아하는 것을 접시에 담아서 먹는다.

1046 しばしば
부 자주 / 종종

ハワイの観光地で、しばしば日本人を見かけた。
하와이의 관광지에서 종종 일본인을 보았다.

1047 出来事 / できごと
명 사건 / 일

旅行での出来事は、全部いい思い出だ。
여행에서 있었던 일은 전부 좋은 추억이다.

Section 5

이것도 외우자! ㉓

접사 : 인상 감상 등③ 接辞：印象・感想等③

• **~にくい**

(쉽게 안되다)

読みにくい	읽기 어렵다 / 불편하다
使いにくい	사용하기 어렵다 / 불편하다
扱いにくい	다루기 어렵다 / 불편하다
言いにくい	말하기 어렵다 / 불편하다
わかりにくい	알기 어렵다
はきにくい	쓸기 어렵다
付き合いにくい	어울리기 어렵다

(좀처럼 그렇게 안되다)

壊れにくい	부수기 어렵다 / 잘 부서지지 않는다
破れにくい	찢기 어렵다 / 잘 찢어지지 않는다
割れにくい	깨뜨리기 어렵다 / 잘 깨지지 않는다
焦げにくい	잘 타지 않는다

N2 Chapter 9

건강을 위해

健康のために
けんこう

			단어 No.
1	몸과 건강	体と健康 からだ けんこう	1048~1068
2	아프기 전에	病気になる前に びょうき まえ	1069~1091
3	증상	症状 しょうじょう	1092~1113
4	병과 치료	病気と治療 びょうき ちりょう	1114~1140
5	미용	美容 びよう	1141~1161

Section 1

몸과 건강

体と健康（からだとけんこう）

1048 測定〈する〉
そくてい
명 측정 < 하다 >

学校で身長と体重を測定した。
학교에서 키와 몸무게를 측정했다.

➕ 身体測定 신체측정

1049 定期的な
ていきてき
ナ형 정기적인

定期的に健康診断を受けている。
정기적으로 건강진단을 받고 있다.

1050 血圧
けつあつ
명 혈압

最近、血圧が高い。
요즘 혈압이 높다.

➕ 高血圧 고혈압・低血圧 저혈압

1051 体力
たいりょく
명 체력

体力も気力も問題ない。
체력도 기력도 문제없다.

➕ 気力 기력

1052 心身
しんしん
명 심신 / 몸과 마음

健康のためには心身のバランスが大切だ。
건강을 위해서는 심신의 밸런스가 중요하다.

1053 健やかな
すこ
ナ형 건강한

子ども達はみんな、健やかに成長した。
아이들은 모두 건강하게 성장했다.

1054 かたよる
동 한쪽으로 치우치다

最近、栄養がかたよっている。
최근 영양이 한쪽으로 치우치고 있다.

1055 小柄な
こがら
ナ형 몸집이 작은

彼女は、どちらかと言うと小柄な方だ。
그녀는 어느 쪽인가 하면 몸집이 작은 편이다.

↔ 大柄な
おおがら

Chapter 9

1056 寿命 (じゅみょう)
명 수명
日本人女性は世界一寿命が長い。
일본 여성은 세계에서 제일 수명이 길다.

➕ 平均寿命 평균수명 ・ 死亡〈する〉 사망〈하다〉

1057 一般に (いっぱんに)
부 일반적으로
一般に、男性より女性の方が寿命が長い。
일반적으로 남성보다 여성 쪽이 수명이 길다.

1058 手首 (てくび)
명 손목
毎日、手首で血圧を測っている。
매일 손목으로 혈압을 재고 있다.

➕ 足首 (あしくび) 발목

1059 かかと
명 발뒤꿈치
歩きすぎて、かかとが痛む。
너무 걸어서 발뒤꿈치가 아프다.

1060 つま先 (つまさき)
명 발가락 끝 / 발끝
靴を脱いで、つま先を伸ばす。
신발을 벗고 발끝을 뻗는다.

1061 血管 (けっかん)
명 혈관
年とともに血管が弱くなる。
나이가 들수록 혈관이 약해진다.

1062 さらさら〈な / する〉
ナ형 / 부 술술 / 졸졸 흐르는 모양〈한 / 하다〉
たまねぎを食べると、血液がさらさらになるらしい。(ナ形)
양파를 먹으면 혈액이 맑아진다고 한다.

1063 筋肉 (きんにく)
명 근육
毎日、筋肉をトレーニングしている。
매일 근육을 트레이닝하고 있다.

➕ 筋肉痛 (きんにくつう) 근육통

1064 障がい (しょう)
명 장애
耳に軽い障がいを持っている。
귀에 가벼운 장애를 갖고 있다.

➕ 障がい者 (しょうしゃ) 신체 장애인

Section 1

1065 乗り越える (のりこえる)
[동] 극복하다
人より努力して、障がいを乗り越えた。
누구보다 노력해서 장애를 극복했다.

1066 傷跡 (きずあと)
[명] 상처 / 흉터
かいたところに傷跡が残った。
긁은 곳에 흉터가 남았다.

➕ 傷口 (きずぐち) 상처 / 상처 자리

1067 いびき
[명] 코골이
自分のいびきの音で目が覚めた。
나의 코고는 소리에 잠이 깼다.

➕ 寝言 (ねごと) 잠꼬대

1068 体が持つ (からだがもつ)
[관] 몸이 견디다
この忙しさでは体が持たない。
이렇게 바빠서는 몸이 견디지 못한다.

Section 2
아프기 전에

病気になる前に（びょうきになるまえに）

1069	休養〈する〉きゅうよう	医者に、少し休養をとった方がいいと言われた。
명	휴양 < 하다 >	의사에게 조금 휴양을 취하는 것이 좋다고 들었다.

1070	疲労〈する〉ひろう	疲労がたまる前に休むようにしている。
명	피로 < 하다 >	피로가 쌓이기 전에 쉬도록 하고 있다.

1071	不調〈な〉ふちょう	体の不調を感じたら、すぐに病院に行く。(名)
명 / ナ형	부조 < 한 > / 상태가 나쁨	몸의 이상을 느끼면 바로 병원에 간다.

↔ 好調〈な〉こうちょう

1072	体調たいちょう	体調を崩したので、会社を休んだ。
명	컨디션 / 몸 상태	몸 상태가 나빠졌기 때문에 회사를 쉬었다.

➕ 体を壊す 몸 (건강) 을 해치다

1073	やや	少し寝たら、体がやや楽になった。
부	약간	조금 잤더니 몸이 약간 편해졌다.

1074	寝心地ねごこち	寝心地のいい枕を買ったら、よく寝られるようになった。
명	잠자기	잠자기 편한 베개를 샀더니 잘 잘 수 있게 되었다.

1075	大したたい	①大したことはないと思っても、病院に行く。 ②中学生でオリンピック選手とは、大したものだ。
연체	대단한 / 대수롭다	① 대수롭지 않다고 생각해도 병원에 간다. ② 중학생이 올림픽 선수라는 건 대단한 것이다.

💡 ① " 그다지 " 라는 의미로 부정적인 형태로 사용된다 ② 탁월함에 놀라다

1076	念のためねん	症状は軽いが、念のため病院で診てもらう。
관	만일을 대비하여 / 만약을 위해	증상은 가볍지만 만일을 대비하여 병원에서 진찰을 받는다.

Section 2

1077 通院〈する〉
つういん
명 통원 < 하다 >

月に1回、検査のために通院している。
한 달에 한 번 검사를 위해 통원하고 있다.

1078 レントゲン
명 엑스레이 / 뢴트겐

念のため、レントゲンを撮ってもらった。
만일을 대비하여 엑스레이를 촬영했다.

1079 さらに
부 더욱이 / 더 / 다시

① 一度検査をして、さらに詳しく検査する。
② 雨はさらに強くなってきた。
① 한 번 검사를 하고 다시 자세히 검사한다.
② 비는 더 강해졌다.

👍 ① 그 위에 ② 게다가

1080 おとろえる
동 쇠퇴하다 / 약해지다

筋肉がおとろえないように運動している。
근육이 약해지지 않도록 운동하고 있다.

1081 きたえる
동 단련하다

かぜをひかないように体をきたえる。
감기에 걸리지 않도록 몸을 단련한다.

1082 適度な
てきど
ナ형 적당한

健康のために適度な運動が必要だ。
건강을 위해 적당한 운동이 필요하다.

1083 予防〈する〉
よぼう
명 예방 < 하다 >

クリームで日焼けを予防する。
크림으로 피부가 타는 것을 예방한다.

➕ 予防注射〈する〉 예방주사 < 하다 >
よぼうちゅうしゃ

1084 補給〈する〉
ほきゅう
명 보급 / 보충 < 하다 >

熱中症を防ぐために水分を補給した。
열사병을 막기 위해서 수분을 보충했다.

➕ 補う 보충하다
おぎな

1085 不足〈する〉
ふそく
명 부족 < 하다 >

ビタミンが不足しているようだ。
비타민이 부족한 것 같다.

➕ 睡眠不足 수면부족・水分不足 수분부족・
すいみんぶそく　　　　すいぶんぶそく
勉強不足 공부부족・運動不足 운동부족
べんきょうぶそく　　　うんどうぶそく

Chapter 9

1086 サプリメント
명 건강보조식품 / 서플리먼트

毎日、サプリメントをとっている。
매일 건강보조식품을 먹고 있다.

1087 取り戻す
동 되찾다

規則正しい生活をして、健康を取り戻した。
규칙적인 생활을 해서 건강을 되찾았다.

1088 ワクチン
명 백신

病院で新しいワクチンを注射してもらった。
병원에서 새로운 백신 주사를 맞았다.

1089 加入〈する〉
명 가입<하다>

保険に加入して、病気の治療に備えている。
보험에 가입해서 질병 치료에 대비하고 있다.

1090 医師
명 의사

よい医師がいる病院を探している。
좋은 의사가 있는 병원을 찾고 있다.

1091 くれぐれも
부 아무쪼록

くれぐれもお体をお大事になさってください。
아무쪼록 몸조심 하십시오.

Section 2

이것도 외우자! ㉔

➕ 접사 : 상황① 接辞(せつじ) : 状況(じょうきょう)①

• **反(はん)~** (반대의)

反比例(はんぴれい)	반비례
反体制(はんたいせい)	반체제
反作用(はんさよう)	반작용
反政府(はんせいふ)	반정부
反社会(はんしゃかい)	반사회

• **逆(ぎゃく)~** (방향이 반대인)

逆輸入(ぎゃくゆにゅう)	역수입
逆効果(ぎゃくこうか)	역효과
逆回転(ぎゃくかいてん)	역회전
逆(ぎゃく)コース	역코스

Section 3

증상

症状（しょうじょう）

1092 具体的な (ぐたいてき)
ナ형 구체적인

今の症状を具体的に教えてください。
지금 증상을 구체적으로 알려주세요.

↔ 抽象的な (ちゅうしょうてき)

1093 程度 (ていど)
명 정도

痛みの程度を人に説明するのは難しい。
통증의 정도를 남에게 설명하는 것은 어렵다.

1094 ぼうっと〈する〉
부 멍〈하다〉/ 희미하게

① 最近、祖父はぼうっとしていることが多い。
② 向こうにぼうっと山が見える。
① 요즘 할아버지는 멍하게 있는 경우가 많다.
② 저쪽에 희미하게 산이 보인다.

➕ ぼんやり〈する〉 뚜렷하지 않은 모양 / 어렴풋이 / 멍하니〈하다〉

👍 ① 집중력이 부족하다 / 의식을 잃다 ② 불확실한 상태

1095 ふらふら〈な / する〉
ナ형 흔들흔들 / 어질어질
부 빙빙〈한 / 하다〉

今朝から頭がふらふらしている。(副)
오늘 아침부터 머리가 어질어질하다.

1096 意識 (いしき)
명 의식

頭を打って、意識を失った。
머리를 부딪쳐서 의식을 잃었다.

➕ 無意識〈な〉(むいしき) 무의식〈적인〉

1097 しゃがむ
동 웅크리다 / 쭈그리다

めまいがして、その場にしゃがんだ。
현기증이 나서 그 자리에서 쭈그려 앉았다.

1098 視野 (しや)
명 시야

① 最近周りが見えにくく、視野が狭くなった。
② 視野を広げるために留学を決めた。
① 최근 주변이 잘 보이지 않고 시야가 좁아졌다.
② 시야를 넓히기 위해 유학을 결심했다.

➕ ① 視界 (しかい) 시계 / 시야

👍 ① 한 지점에서 볼 수 있는 영역 ② 사고방식

Section 3

1099 呼吸〈する〉
こきゅう
명 호흡 < 하다 >

寝ている間に呼吸が止まることがあるらしい。
자고 있는 동안에 호흡이 멈추는 경우가 있는 것 같다.

➕ 深呼吸〈する〉 심호흡 < 하다 >
しんこきゅう

1100 詰まる
つ
동 막히다 / 가득 차다

① 鼻が詰まって、苦しい。
② スーツケースにお土産が詰まっている。
① 코가 막혀서 괴롭다.
② 여행 가방에 기념품이 가득 차 있다.

➕ (〜を) 詰める 채우다 / 담다
つ

👉 ① 중간에 멈춰서 더 이상 가지 않다 ② 더 이상 넣을 수 없을 정도로 가득 차다

1101 耐える
た
동 견디다 / 참다

腹痛がひどく、耐えられない。
복통이 심해서 견딜 수 없다.

➕ こらえる 참다 / 견디다 / 억누르다

1102 便秘〈する〉
べんぴ
명 변비 < 하다 >

便秘が続いているので、薬を飲んだ。
변비가 계속되고 있어서 약을 먹었다.

➕ 下痢〈する〉 설사 < 하다 >
げり

1103 〜気味
ぎみ
접사 〜 기운 / 기색 / 기미

かぜ気味で、気分がすっきりしない。
감기 기운으로 기분이 상쾌하지 않다.

➕ 疲れ気味 피곤한 기색・太り気味 살찌는 기미・やせ気味 야위는 기미
つか ぎみ   ふと ぎみ   ぎみ

1104 寒気
さむけ
명 한기

かぜなのか、寒気がする。
감기인지 한기가 든다.

➕ 悪寒 오한
おかん

1105 ねじる
동 삐다

転んで、足をねじった。
넘어져서 다리를 삐었다.

➕ (〜が) ねじれる 비틀어지다 / 뒤틀리다

Chapter 9

1106 しっしん
명 습진
腕のしっしんが、かゆくて寝られない。
팔의 습진이 가려워서 잠들 수가 없다.

1107 はれる
동 부어 오르다
ねじったところが赤くはれてきた。
삐끗한 곳이 빨갛게 부어 올랐다.

1108 しきりに
부 자꾸 / 끊임없이
彼は腕のしっしんをしきりにかいている。
그는 팔 습진을 자꾸 긁고 있다.

1109 異常〈な〉
명 / ナ형 이상<한>
検査で心臓に異常が見つかった。(名)
검사에서 심장에 이상이 발견되었다.

➕ 異常気象 이상기상 / 이상기후

1110 伴う
동 동반하다
この病気は痛みを伴うようだ。
이 질병은 통증을 수반하는 것 같다.

1111 単なる
연체 단순한
彼の症状は単なるかぜではないようだ。
그의 증상은 단순한 감기가 아닌 것 같다.

＝ ただの ➕ 単に 단지 / 다만 / 그저

1112 伝染〈する〉
명 전염<하다>
この病気は伝染する可能性はないそうだ。
이 질병은 전염될 가능성은 없다고 한다.

➕ 伝染病 전염병・感染〈する〉 감염<하다>

1113 反応〈する〉
명 반응<하다>
くしゃみや鼻水は、花粉のアレルギー反応の症状だ。
재채기나 콧물은 꽃가루 알러지 반응 증상이다.

Section 4
병과 치료
病気と治療（びょうきとちりょう）

1114 病む（や）
동 병들다 / 앓다
現代は心を病んでいる人が少なくない。
현대는 마음의 병을 앓고 있는 사람이 적지 않다.
👉 비교적 오래된 표현이다

1115 負傷〈する〉（ふしょう）
명 부상 < 하다 >
事故で負傷し、救急車で運ばれた。
사고로 부상을 입고 구급차로 이송되었다.
➕ 負傷者 부상자

1116 重体（じゅうたい）
명 중태
車にひかれた人が重体になっている。
차에 치인 사람이 중태가 되었다.
➕ 重傷 중상・軽傷 경상

1117 熱中症（ねっちゅうしょう）
명 열사병
この季節は熱中症に気をつけなければいけない。
이 계절은 열사병에 주의해야 한다.

1118 細菌（さいきん）
명 세균
傷口から細菌が入ったようだ。
상처 입은 자리에 세균이 들어간 것 같다.
➕ ウイルス 바이러스

1119 つまずく
동 좌절하다 / (발이 걸려) 넘어지다
①つまずいて転んでしまい、足を骨折した。
②それは人生で初めてつまずいた出来事だった。
① (발이 걸려) 넘어지는 바람에 다리가 골절됐다.
② 그것은 인생에서 처음으로 좌절한 일이었다.
👉 ① 걷다가 무언가에 발이 부딪치다 ② 어떠한 일의 중간에 실패하다

1120 医療（いりょう）
명 의료
日本の医療は、かなり進んでいる。
일본의 의료는 상당히 발달되어 있다.
➕ 医療機関 의료기관・医療技術 의료기술

Chapter 9

1121 高度 〈な〉
こうど
명 고도 < 의 >
ナ형

この病院なら、高度な医療が受けられる。(ナ形)
이 병원이라면 고도의 의료를 받을 수 있다.

1122 実績
じっせき
명 실적

手術の実績で病院を選ぶ。
수술 실적으로 병원을 고른다.

1123 負担 〈する〉
ふたん
명 부담 < 하다 >

この病気は治療費の負担が大きい。
이 질병은 치료비 부담이 크다.

1124 適用 〈する〉
てきよう
명 적용 < 하다 >

この病気の治療には保険が適用される。
이 질병의 치료에는 보험이 적용된다.

1125 手当て
てあ
명 치료 / 조치 / 처치

けがをしたので、すぐに手当てをした。
부상을 입어서 곧바로 처치를 했다.

1126 尽くす
つ
동 (최선, 전력을) 다하다

医者は母の治療に全力を尽くしてくれた。
의사는 엄마의 치료에 최선을 다해 주었다.

1127 薬品
やくひん
명 약품 / 약

薬品の扱いには十分に注意する。
약품 취급에는 충분히 주의한다.

➕ 薬品会社 약품회사 / 제약회사
やくひんがいしゃ

1128 作用 〈する〉
さよう
명 작용 < 하다 >

説明書を読んで、薬の作用を知る。
설명서를 읽고 약의 작용을 안다.

1129 目安
めやす
명 기준 / 목표

大人は1回3粒を目安に飲んでください。
성인은 1회 3알을 기준으로 복용해 주세요.

1130 副作用
ふくさよう
명 부작용

薬の副作用で気分が悪くなることがある。
약의 부작용으로 컨디션이 나빠지는 경우가 있다.

Section 4

1131 余計[に] よけい
부 더욱 / 한층 더

① 薬を飲んだら、余計に気分が悪くなった。
② 人より余計にリハビリをした。

① 약을 먹었더니 더욱 컨디션이 나빠졌다.
② 누구보다 더 재활을 했다.

👉 ① 이전보다 더 ② 보통 이상으로

1132 余計な よけい
ナ형 쓸데없는 / 괜한

家族に余計な心配をかけたくない。

가족에게 괜한 걱정을 끼치고 싶지 않다.

1133 もむ
동 비비다 / 주무르다

肩が凝ったので、友達にもんでもらった。

어깨가 결려서 친구가 주물러 주었다.

➕ マッサージ〈する〉 마사지<하다>

1134 告げる つげ
동 고하다 / 알리다 / 통보하다

医師に病名を告げられ、ショックだった。

의사에게 병명을 통보받고 쇼크였다.

➕ 告知〈する〉 고지<하다>

1135 覚悟〈する〉 かくご
명 각오<하다>

医者と話し、最悪の場合を覚悟した。

의사와 이야기하고 최악의 경우를 각오했다.

1136 看病〈する〉 かんびょう
명 간병<하다>

かぜをひいて、彼女に看病してもらった。

감기에 걸려서 여자친구가 간병해주었다.

1137 配慮〈する〉 はいりょ
명 배려<하다>

あの医師は患者への配慮が不足している。

그 의사는 환자에 대한 배려가 부족하다.

1138 遺伝〈する〉 いでん
명 유전<하다>

この病気は遺伝するらしい。

이 질병은 유전되는 것 같다.

➕ 遺伝子 유전자

1139 克服〈する〉 こくふく
명 극복<하다>

病気を克服して、仕事に戻った。

질병을 극복하고 업무에 복귀했다.

Chapter 9

1140 リハビリ

명 **재활**

しばらくは、病院でリハビリを続ける。

당분간은 병원에서 재활을 계속한다.

= リハビリテーション

Section 5

미용

美容（びよう）

| 1141 | 肌 (はだ) / 명 피부 | 冬は肌が乾燥しやすい。
겨울은 피부가 건조해지기 쉽다. |

➕ 素肌 (すはだ) 맨몸 / 맨살

| 1142 | 手入れ〈する〉(てい) / 명 보살핌 / 손질〈하다〉 | 毎日、素肌の手入れに時間をかける。
매일 피부 손질에 시간을 쏟고 있다. |

| 1143 | ケア〈する〉 / 명 케어〈하다〉 | お風呂の後の素肌のケアは欠かせない。
목욕 후의 맨살 케어는 빼놓을 수 없다. |

➕ スキンケア 스킨케어・ヘアケア 헤어케어

| 1144 | 維持〈する〉(いじ) / 명 유지〈하다〉 | きれいな肌を維持したい。
깨끗한 피부를 유지하고 싶다. |

＝ キープ〈する〉　➕ 保つ(たも) 유지하다

| 1145 | 機能〈する〉(きのう) / 명 기능〈하다〉 | ようやく肌の機能が回復した。
드디어 피부기능이 회복되었다. |

| 1146 | かえって / 부 오히려 | マッサージをしたら、かえって顔にしわが増えた。
마사지를 했더니 오히려 얼굴에 주름이 늘었다. |

| 1147 | 刺激 (しげき) / 명 자극 | ①この化粧品は刺激が強くて、肌が赤くなる。
②旅行は、いろいろな刺激を受けるので楽しい。
① 이 화장품은 자극이 강해서 피부가 빨개진다.
② 여행은 여러 가지 자극을 받아서 즐겁다. |

➕ 刺激的な (しげきてき) 자극적인

👍 ① 감각기관의 반응에 의한 자극 ② 외부적으로 흥분하는 일에 의한 자극

Chapter 9

1148 かさかさ〈な / する〉 — かかとが乾燥して、かさかさだ。(ナ形)
ナ形 부 꺼칠꺼칠 < 한 / 하다 > — 발뒤꿈치가 건조해서 꺼칠꺼칠하다.

1149 低下〈する〉 — 素肌の機能が低下している。
명 저하 < 하다 > — 피부 기능이 저하되고 있다.

1150 くっきり〈する〉 — 日焼けの跡がくっきりついてしまった。
부 확실히 / 선명히 < 하다 > — 햇볕에 탄 자국이 선명하게 남고 말았다.

1151 つや — 皮膚のつやが、だんだんなくなってきた。
명 윤기 / 광택 — 피부의 윤기가 점점 없어졌다.

1152 脂肪 — 運動を止めたら、脂肪がついてしまった。
명 지방 — 운동을 그만두었더니 지방이 붙어 버렸다.

➕ 体脂肪 체지방

1153 肥満〈する〉 — 肥満は健康によくない。
명 비만 < 하다 > — 비만은 건강에 좋지 않다.

1154 減量〈する〉 — ダイエットで減量に成功した。
명 감량 < 하다 > — 다이어트로 감량에 성공했다.

1155 急激な — 急激なダイエットは、かえって後で太る。
ナ形 급격한 — 급격한 다이어트는 오히려 나중에 살이 찐다.

1156 一向に（〜ない） — 半年もダイエットしているのに、一向にやせない。
부 전혀 / 도무지 (~ 아니다) — 반년이나 다이어트를 하고 있는데 도무지 빠지지 않는다.

1157 疑わしい — このダイエット食品の効果は疑わしい。
イ形 의심스러운 — 이 다이어트 식품의 효과는 의심스럽다.

Section 5

1158 姿勢(しせい)
명 자세
① 姿勢をよくすれば、太らない。
② 人間は、いくつになっても学ぶ姿勢が大切だ。
① 자세를 바르게 하면 살이 찌지 않는다.
② 인간은 몇 살이 되어도 배우는 자세가 중요하다.

👍 ① 몸가짐 ② 어떠한 일을 할 때의 태세 / 준비 상태

1159 (医者に) かかる(いしゃ)
동 (의사에게) 치료받다
去年から、美容外科の医者にかかっている。
작년부터 미용외과의 의사에게 치료를 받고 있다.

1160 依存〈する〉(いぞん)
명 의존 < 하다 >
きれいになるために手術に依存する女性が多い。
예뻐지기 위해 수술에 의존하는 여성이 많다.

➕ アルコール依存症(いぞんしょう) 알코올의존증 / 알코올중독

1161 映す(うつ)
동 비치다
鏡に顔を映しながら、笑顔を作る。
거울에 얼굴을 비추면서 미소를 짓는다.

➕ (〜が) 映る(うつ) (~이) 비치다 / 보이다 · 放映〈する〉(ほうえい) 방영 < 하다 >

Chapter 9

이것도 외우자! ㉕

접사 : 상황② 接辞（せつじ）：状況（じょうきょう）②

• **各~** (각각의)

各国 (かっこく)	각국
各地 (かくち)	각지
各位 (かくい)	각위
各自 (かくじ)	각자
各種 (かくしゅ)	각종
各家庭 (かくかてい)	각가정
各界 (かっかい)	각계

• **諸~** (여러 가지)

諸外国 (しょがいこく)	제외국
諸国 (しょこく)	제국
諸事情 (しょじじょう)	제사정
諸説 (しょせつ)	제설
諸先輩 (しょせんぱい)	제선배
諸問題 (しょもんだい)	제문제
諸島 (しょとう)	제도
諸君 (しょくん)	제군
諸悪 (しょあく)	제악

N2 Chapter 10

뉴스

ニュース

			단어 No.
1	트러블 · 사건	トラブル・事件(じけん)	1162~1194
2	사고	事故(じこ)	1195~1222
3	정치	政治(せいじ)	1223~1254
4	사회	社会(しゃかい)	1255~1290
5	세계 · 환경	世界(せかい)・環境(かんきょう)	1291~1326

Section 1

트러블·사건
トラブル・事件（じけん）

1162	騒音（そうおん） 명 소음	騒音を巡って、アパートでトラブルが起きている。 소음을 둘러싸고 아파트에서 트러블이 일어나고 있다.
1163	続出〈する〉（ぞくしゅつ） 명 속출 < 하다 >	最近、近所でのトラブルが続出している。 최근 근처에서 트러블이 속출하고 있다.
1164	思わず（おも） 부 뜻하지 않게 / 무심코 / 엉겁결에	近くで大声が聞こえたので、思わず窓から外を見た。 근처에서 큰 소리가 들려서 엉겁결에 창문으로 밖을 내다봤다.
1165	一方（いっぽう） 명 일방 / 한 방향 / 한쪽	①近所の人間関係は悪化する一方だ。 ②一方の話だけを聞いても、問題は解決しない。 ① 이웃의 인간관계는 악화되기만 한다. ② 한쪽의 이야기만 들어서는 문제는 해결되지 않는다.

👍 ① 한쪽 방향으로 기울다 ② 두 가지 중 하나

1166	対立〈する〉（たいりつ） 명 대립 < 하다 >	ごみ捨てが原因で近所同士が対立している。 쓰레기 버리는 것이 원인으로 이웃끼리 대립하고 있다.
1167	拒否〈する〉（きょひ） 명 거부 < 하다 >	彼らは話し合いを拒否した。 그들은 협의를 거부했다.
1168	訴える（うった） 동 소송하다 / 고소하다 / 호소하다	①騒音トラブルで相手を訴えた。 ②彼女は昨日から頭痛を訴えている。 ① 소음 트러블로 상대를 고소했다. ② 그녀는 어제부터 두통을 호소하고 있다.

👍 ① 사법 법원 같은 공식 단체에 신청하다 ② 다른 사람에게 자신의 감정이나 상황을 알리다

1169	裁判〈する〉 さいばん	できれば裁判など、したくない。
명	재판 < 하다 >	가능한 한 재판같은 건 하고 싶지 않다.

➕ 裁判所 재판소 / 법원・裁判官 재판관 / 법관

1170	関わる かか	①あの人には関わらない方がいい。 ②命に関わるような、けがではない。
동	관계하다 / 상관하다	① 저 사람에게는 상관하지 않는 것이 좋다. ② 목숨에 관계되는 부상은 아니다.

👉 ① 무언가와 관계되는 일 ② 나쁜 영향을 받을 가능성

1171	はねる	車が通ったとき、泥がはねてスカートが汚れた。
동	뛰다 / 튀다	차가 지나갔을 때 진흙이 튀어 스커트가 더럽혀졌다.

➕ ジャンプ〈する〉 점프 < 하다 >

1172	犯罪 はんざい	最近、この辺りで犯罪が増えている。
명	범죄	요즘 이 주변에서 범죄가 늘어나고 있다.

➕ 強盗 강도・殺人 살인

1173	暴れる あば	駅前で男が暴れている。
동	설치다 / 날뛰다	역 앞에서 남자가 난동을 부리고 있다.

1174	乱暴〈な / する〉 らんぼう	彼は怒って、ドアを乱暴に閉めた。(ナ形)
명 ナ형	난폭 < 한 / 하다 >	그는 화가 나서 문을 난폭하게 닫았다.

1175	暴力 ぼうりょく	どんな理由があっても、暴力はいけない。
명	폭력	어떤 이유가 있어도 폭력은 안된다.

1176	おどかす	①このままでは合格しないと、親におどかされた。 ②暗い場所で友達をおどかした。
동	위협하다 / 깜짝 놀라게 하다	① 이대로는 합격하지 못할 것이라고 부모님이 겁을 주었다. ② 어두운 장소에서 친구를 놀라게 했다.

👉 ① 으르다 / 위협하다 / 협박하다 ② 놀라게 하다

Section 1

1177	侵入〈する〉 しんにゅう	犯人は、この窓から侵入したようだ。
名	침입 < 하다 >	범인은 이 창문으로 침입한 것 같다.

1178	のぞく	怪しい男が家の中をのぞいている。
動	엿보다 / 들여다 보다	수상한 남자가 집 안을 들여다 보고 있다.

1179	見知らぬ みし	見知らぬ人に突然声をかけられた。
連体	본 적 없는 / 낯선	낯선 사람이 갑자기 말을 걸어왔다.

➕ 見知らぬ町 낯선 마을

1180	近寄る ちかよ	後ろから知らない男が近寄ってきた。
動	접근하다 / 다가가다	뒤에서 모르는 남자가 다가왔다.

1181	縮まる ちぢ	あまりに怖い思いをして、命が縮まった。
動	줄어들다	너무 무서운 생각을 해서 수명이 줄어들었다.

＝ 縮む ➕ (〜を) 縮める 줄이다 / 단축하다

1182	無理やり むり	暗い道で無理やりバッグを取られた。
副	억지로	어두운 길에서 억지로 가방을 빼앗겼다.

1183	捜査〈する〉 そうさ	警察が事件を捜査している。
名	수사 < 하다 >	경찰이 사건을 수사하고 있다.

1184	確定〈する〉 かくてい	いろいろな証拠から、その男が犯人だと確定した。
名	확정 < 하다 >	여러 가지 증거로 그 남자가 범인이라고 확정했다.

1185	明らかな あき	あの男が犯人であることは明らかだ。
ナ形	확실한	저 남자가 범인이라는 것은 확실하다.

1186	一致〈する〉 いっち	犯人の特徴と証言者の話が一致した。
名	일치 < 하다 >	범인의 특징과 증언자의 이야기가 일치했다.

1187	自ら みずか	犯人が自ら警察に現れた。
副	스스로	범인이 스스로 경찰서에 나타났다.

Chapter 10

1188 居場所 (いばしょ)
명 거처 / 있는 곳

犯人の居場所が、わかった。
범인의 거처를 알았다.

1189 持ち主 (もぬし)
명 주인

警察が自転車の持ち主を調べている。
경찰이 자전거 주인을 조사하고 있다.

1190 あくまで［も］
부 어디까지나 / 끝까지 / 철저하게

① 事件が解決するまで、あくまで捜査を続ける。
② この金額はあくまでも目安で、変更の可能性がある。

① 사건이 해결될 때까지 끝까지 수사를 계속한다.
② 이 금액은 어디까지나 기준이고 변경될 가능성이 있다.

👍 ① 끝까지 / 한계 없이 ② 특정한 한도를 정하다

1191 実に (じつに)
부 실로 / 참으로

これは実に不思議な事件だ。
이것은 참으로 불가사의한 사건이다.

1192 困難〈な〉(こんなん)
명 ナ형 어려움 / 곤란＜한＞

彼は多くの困難を乗り越えて、頑張っている。(名)
警察は困難な事件を一つひとつ解決する。(ナ形)

그는 많은 어려움을 극복하여 노력하고 있다.
경찰은 어려운 사건을 하나하나 해결한다.

1193 改める (あらためる)
동 고치다 / 개정하다

彼は今は生活を改め、まじめに暮らしている。
그는 지금은 생활을 고쳐서 성실하게 살고 있다.

1194 ようやく
부 겨우 / 간신히 / 드디어

20年前に起こった事件がようやく解決した。
20년 전에 일어난 사건이 드디어 해결되었다.

Section 2

사고

事故（じこ）

1195	発生〈する〉 はっせい	高速道路で大きな事故が発生した。
名	발생 < 하다 >	고속도로에서 큰 사고가 발생했다.

1196	相次ぐ あいつ	未だに飲酒運転が相次いでいる。
動	잇따르다	아직도 음주운전이 잇따르고 있다.

1197	飛び出す と だ	いきなり、自転車が道に飛び出してきた。
動	뛰쳐나오다 / 튀어나오다	갑자기 자전거가 도로로 튀어나왔다.

1198	一瞬 いっしゅん	それは一瞬の出来事だった。（名） 一瞬、その人が昔の彼女に見えた。（副）
名 副	일순 / 그 순간 / 한순간	그것은 한순간의 일이었다. 일순 그 사람이 옛 여자친구로 보였다.

1199	あり得ない え	こんなに狭い道路でスピードを出すなんて、あり得ない。
連語	있을 수 없다	이렇게 좁은 도로에서 속도를 내다니 있을 수 없다.

↔ あり得る

1200	荒っぽい あら	彼は運転が荒っぽいので、よく事故を起こす。
イ形	난폭한 / 거친	그는 운전이 거칠어서 자주 사고를 일으킨다.

1201	少年 しょうねん	16歳の少年が運転して、事故を起こした。
名	소년	16살 소년이 운전해서 사고를 일으켰다.

➕ 少女 소녀・青年 청년・中年 중년

1202	取り締まり と し	この道路は警察の取り締まりが厳しくなっている。
名	단속	이 도로는 경찰의 단속이 심해졌다.

➕ 取り締まる 단속하다

Chapter 10

1203 防止〈する〉
ぼうし

交通事故を防止するために、警察が取り締まっている。

명 방지 < 하다 >

교통사고를 방지하기 위해 경찰이 단속하고 있다.

➕ 危険防止 위험방지

1204 事情
じじょう

①警察が運転手に事故の事情を聞いている。
②山田教授は世界の経済事情に詳しい。

명 사정

① 경찰이 운전수에게 사고의 사정을 묻고 있다.
② 야마다 교수님은 세계 경제 사정에 밝다.

👉 ① 사건이 발생한 이유 ② 관련된 각종 정보

1205 有無
うむ

警察が事故の目撃者の有無を調べている。

명 유무

경찰이 사고 목격자 유무를 조사하고 있다.

1206 目撃〈する〉
もくげき

事故を目撃した人を警察が探している。

명 목격 < 하다 >

사고를 목격한 사람을 경찰이 찾고 있다.

➕ 目撃者 목격자・証言〈する〉 증언<하다>

1207 判断〈する〉
はんだん

警察はトラックの運転手の不注意だと判断した。

명 판단 < 하다 >

경찰은 트럭 운전수의 부주의라고 판단했다.

1208 見逃す
みのがす

①一瞬の出来事だったので、犯人を見逃した。
②彼は大きなビジネスチャンスを見逃した。

동 놓치다

① 순식간에 일어난 일이어서 범인을 놓쳤다.
② 그는 큰 비즈니스 기회를 놓쳤다.

👉 ① 눈치채지 못하다 ② 이용하지 못하다

1209 行方
ゆくえ

警察がGPSで逃げた車の行方を追っている。

명 행방

경찰이 GPS로 달아난 차량의 행방을 쫓고 있다.

1210 未だに
いまだに

死亡事故を起こした犯人は未だに捕まっていない。

부 아직까지도 / 아직껏

사망 사고를 일으킨 범인은 아직 잡히지 않았다.

Section 2

1211 不明〈な〉 ふめい
[명][ナ形] 불명 < 한 >

事故の原因は未だに不明だ。(ナ形)

사고의 원인은 아직까지 불명이다.

➕ 行方不明 행방불명

1212 過失 かしつ
[명] 과실

彼は過失による事故で、逮捕された。

그는 과실에 의한 사고로 체포되었다.

1213 誤る あやまる
[동] 실수하다 / 실패하다 / 잘못하다

母は運転を誤って、事故を起こした。

엄마는 운전을 잘못해서 사고를 일으켰다.

1214 もめる
[동] 다투다 / 분쟁이 일어나다

事故現場で運転手同士がもめている。

사고 현장에서 운전수끼리 다투고 있다.

➕ もめ事 다툼 / 분쟁

1215 予期〈する〉 よき
[명] 예기 / 예상 < 하다 >

その事故は全く予期できなかった。

그 사고는 전혀 예상할 수 없었다.

➕ 予期せぬ 예기하지 않은

1216 流す ながす
[동] 흘리다 / 흐르게 하다

①被害者の親は涙を流して犯人の逮捕を訴えた。
②好きな音楽を流しながら、料理を作る。

① 피해자 부모는 눈물을 흘리며 범인 체포를 호소했다.
② 좋아하는 음악을 틀어놓고 요리를 만든다.

➕ (〜が) 流れる (~이) 흐르다 / 흘러내리다

👍 ① 물 따위가 흐르다 ② 음악 따위를 재생하다

1217 爆発〈する〉 ばくはつ
[명] 폭발 < 하다 >

大きな化学工場が爆発した。

큰 화학 공장이 폭발했다.

👍 "분노의 감정"과 같은 감정에도 사용된다

Chapter 10

1218 抜く(ぬく)
동 뽑다 / 빼내다 / 뽑아내다

① 工事の手を抜いたことで大事故が起こった。
② お風呂のお湯を抜く。

① 공사 부실로 인해 큰 사고가 일어났다.
② 욕조의 뜨거운 물을 빼내다.

➕ ②(~が) 抜ける(ぬける) (~이) 빠지다 / 없어지다

👍 ① 해야 할 일을 하지 않음
② 한 장소에 있던 것을 잃어버림 / 머리카락처럼 긴 것을 뽑아내는 것을 의미

1219 火災(かさい)
명 화재

工場で爆発があり、火災が発生した。
공장에서 폭발이 있어 화재가 발생했다.

➕ ビル火災 빌딩화재・森林火災(しんりんかさい) 삼림화재

1220 消防車(しょうぼうしゃ)
명 소방차

消防車が何台も工場に向かっている。
소방차가 여러 대 공장으로 향하고 있다.

1221 少なくとも(すくなくとも)
부 적어도

爆発で少なくとも5人が大けがをした。
폭발로 적어도 5명이 큰 부상을 입었다.

1222 救助〈する〉(きゅうじょ)
명 구조 < 하다 >

事故の被害者は、すぐに救助された。
사고 피해자는 곧바로 구조되었다.

Section 2

이것도 외우자! ㉖

➕ 접사 : 명사화① 接辞:名詞化①

- **~性** (사람과 물건이 가지는 성질)

可能性	가능성
人間性	인간성
国民性	국민성
将来性	장래성
必要性	필요성
重要性	중요성
多様性	다양성
危険性	위험성
安全性	안전성
植物性	식물성
動物性	동물성

Section 3

정치

政治（せいじ）

1223 政策 (せいさく)
명 정책
選挙の前に、それぞれの政党の政策を調べる。
선거를 앞두고 각 정당의 정책을 알아본다.

1224 治める (おさめる)
동 지배하다 / 다스리다
政府は国を正しく治めなければいけない。
정부는 국가를 바르게 다스려야 한다.

➕ (〜が) 治(おさ)まる 다스려지다 / 사그라들다

1225 政党 (せいとう)
명 정당
この候補者は政党に属していない。
이 후보자는 정당에 속해 있지 않다.

➕ 与党(よとう) 여당・野党(やとう) 야당

1226 掲げる (かかげる)
동 내걸다 / 올리다 / 들다
①この政党は福祉の充実を政策に掲げている。
②バスガイドが旗を掲げて客を待っている。
① 이 정당은 복지의 충실을 정책으로 내걸고 있다.
② 버스 가이드가 깃발을 들고 손님을 기다리고 있다.

👉 ① 신념이나 의견을 제시하다 ② 사람들이 볼 수 있을 만큼 높이 들다

1227 外交 (がいこう)
명 외교
政府は外交の問題を一つずつ解決している。
정부는 외교 문제를 하나하나 해결하고 있다.

➕ 外交官(がいこうかん) 외교관

1228 コメント〈する〉
명 코멘트 < 하다 >
首相がA国訪問についてコメントした。
수상이 A국 방문에 대해 코멘트했다.

1229 発言〈する〉 (はつげん)
명 발언 < 하다 >
政治家の発言が世間で問題になっている。
정치인의 발언이 세간에 문제가 되고 있다.

➕ 失言(しつげん)〈する〉 실언 < 하다 >

Section 3

1230 国会 (こっかい)
【名】 국회
国会の生放送を見る。
국회의 생방송을 본다.

1231 議論〈する〉 (ぎろん)
【名】 의논 / 논의 < 하다 >
国会で予算に関する議論が続いている。
국회에서 예산에 관한 논의가 계속되고 있다.

1232 延びる (のびる)
【동】 길어지다 / 연장되다
国会の日程が延びた。
국회 일정이 연장됐다.

➕ (〜を) 延ばす (~을) 연장하다

1233 大臣 (だいじん)
【名】 대신 / 장관
お金の問題で大臣が交替した。
돈 문제로 장관이 교체되었다.

➕ 総理大臣 총리대신・外務大臣 외무대신

1234 議員 (ぎいん)
【名】 의원
彼は国会議員になるのが夢らしい。
그는 국회의원이 되는 것이 꿈인 것 같다.

➕ 市会議員 시의회 의원・区会議員 구의회 의원

1235 選挙〈する〉 (せんきょ)
【名】 선거 < 하다 >
来月、全国的な選挙が行われる。
다음 달에 전국적인 선거가 실시된다.

➕ 選挙権 선거권・候補者 후보자

1236 演説〈する〉 (えんぜつ)
【名】 연설 < 하다 >
選挙の候補者が駅前で演説する。
선거 후보자가 역 앞에서 연설한다.

1237 支持〈する〉 (しじ)
【名】 지지 < 하다 >
どの政党を支持するかは国民の自由だ。
어느 정당을 지지할지는 국민의 자유다.

➕ 支持率 지지율・支持者 지지자

1238 各々 (おのおの)
【名】 각각 / 각자
会場で各々、候補者の名前を書いて箱に入れる。
회장에서 각자 후보자의 이름을 적어서 상자에 넣는다.

➕ 各自 각자

Chapter 10

1239	ばく大な （だい） ナ형 막대한	選挙にはばく大な費用がかかる。 선거에는 막대한 비용이 든다.
1240	不正〈な〉 （ふせい） 명 부정 < 한 > ナ형	選挙活動で不正は許されない。（名） 国会議員が不正な行為で逮捕された。（ナ形） 선거활동에서 부정은 용납되지 않는다. 국회의원이 부정한 행위로 체포되었다.
1241	思想 （しそう） 명 사상	日本には思想の自由がある。 일본에는 사상의 자유가 있다.
1242	改正〈する〉 （かいせい） 명 개정 < 하다 >	犯罪に関する法律が改正された。 범죄에 관한 법률이 개정되었다.
1243	実施〈する〉 （じっし） 명 실시 < 하다 >	明日から新しい法律が実施される。 내일부터 새로운 법률이 실시된다.
1244	要素 （ようそ） 명 요소	政治家にとって、スピーチ力も不可欠な要素だ。 정치인에게 있어서 연설력도 빼놓을 수 없는 요소다.
1245	成立〈する〉 （せいりつ） 명 성립 < 하다 >	今年度の予算が成立した。 금년도 예산이 성립되었다.
1246	事実 （じじつ） 명 사실	政府は国民に事実を伝えなければならない。 정부는 국민에게 사실을 전달해야 한다.
1247	隠す （かく） 동 숨기다	あの政治家は何かを隠しているようだ。 저 정치인은 무언가를 숨기고 있는 듯 하다. ➕ （〜が）隠れる 숨다
1248	抱える （かか） 동 (껴) 안다 / 부둥켜 들다	①この国は大きな問題を抱えている。 ②おばあさんが大きな荷物を抱えている。 ① 이 나라는 큰 문제를 안고 있다. ② 할머니가 큰 짐을 들고 있다.

👉 ① 반드시 해결해야 할 일을 받아들이다 ② 껴안듯이 붙잡다

Section 3

1249 支配〈する〉
しはい
명 지배 < 하다 >

A 大統領は、あの国を 30 年も支配していた。
A 대통령은 그 나라를 30 년이나 지배했다.

1250 非難〈する〉
ひなん
명 비난 < 하다 >

若者の多くが大統領の経済政策を非難している。
젊은 사람 대부분이 대통령의 경제정책을 비난하고 있다.

1251 要求〈する〉
ようきゅう
명 요구 < 하다 >

国民は大統領に辞任を要求した。
국민은 대통령에게 사임을 요구했다.

1252 デモ〈する〉
명 데모 / 시위 < 하다 >

先週の日曜日にデモが行われた。
지난 주 일요일에 데모가 있었다.

1253 およそ
부 대략

およそ 10 万人がデモに参加した。
대략 10 만명이 데모에 참가했다.

= おおよそ

1254 関連〈する〉
かんれん
명 관련 < 하다 >

私は政治関連のニュースをよく見る。
나는 정치 관련 뉴스를 자주 본다.

Chapter 10

이것도 외우자! ㉗

➕ 접사 : 명사화② 接辞：名詞化②

• ~み (그것을 느끼는 상태)

新鮮み _{しんせん}	신선함
強み _{つよ}	강점
弱み _{よわ}	약점
温かみ _{あたた}	온기
ありがたみ	고마움
深み _{ふか}	깊이

Section 4

사회

社会（しゃかい）

1255	反映〈する〉 はんえい 명 반영 < 하다 >	国民の意見を反映した社会であってほしい。 국민의 의견을 반영한 사회였으면 한다.
1256	貢献〈する〉 こうけん 명 공헌 < 하다 >	ボランティアとして社会に貢献したい。 봉사활동으로 사회에 공헌하고 싶다.
1257	寄付〈する〉 きふ 명 기부 < 하다 >	恵まれない子ども達のために、毎年寄付している。 불우아동들을 위해 매년 기부하고 있다.

➕ 募金〈する〉 모금 < 하다 >

1258	平等〈な〉 びょうどう 명 ナ형 평등 < 한 >	世界の人が平等な社会を望んでいる。(ナ形) 세상 사람들이 평등한 사회를 바라고 있다.

➕ 男女平等 남녀평등・不平等〈な〉 불평등 < 한 >

1259	復興〈する〉 ふっこう 명 부흥 < 하다 >	社会が災害からの復興をサポートする。 사회가 재해로부터 부흥을 서포트한다.
1260	義務 ぎむ 명 의무	税金を払うのは国民の義務の一つだ。 세금을 내는 것은 국민의 의무 중 하나다.
1261	制度 せいど 명 제도	年金制度の見直しが求められている。 연금제도의 재검토가 요구되고 있다.
1262	景気 けいき 명 경기	景気が徐々に回復している。 경기가 서서히 회복되고 있다.

➕ 不況 불황・不景気〈な〉 불경기 < 한 >

1263	インフレ 명 인플레이션 / 인플레	私の国ではインフレが続いている。 우리나라에서는 인플레이션이 계속되고 있다.

🟰 インフレーション ↔️ デフレ

Chapter 10

1264 加速〈する〉
かそく
명 가속 < 하다 >

新しい政策が景気回復を加速させることを願う。
새 정책이 경기 회복을 가속화 시키기를 바란다.

1265 上回る
うわまわ
동 상회하다 / 웃돌다

国民の収入が昨年を上回った。
국민의 수입이 작년을 상회했다.

↔ 下回る
したまわ

1266 予測〈する〉
よそく
명 예측 < 하다 >

経済の専門家が将来の日本経済を予測する。
경제 전문가가 장래의 일본경제를 예측한다.

1267 見解
けんかい
명 견해

首相が日本経済の現状について見解を述べた。
수상이 일본경제의 현상에 대한 견해를 말했다.

1268 増す
ま
동 증가하다 / 많아지다

需要が増せば、物の値段は下がる。
수요가 증가하면 물건 가격은 떨어진다.

1269 水準
すいじゅん
명 수준

国民の生活水準は徐々に下がっている。
국민의 생활수준은 서서히 낮아지고 있다.

1270 深刻な
しんこく
ナ형 심각한

少子化は深刻な問題だ。
저출산은 심각한 문제다.

1271 呼びかける
よ
동 부르다 / 호소하다

政府は国民に節電を呼びかけた。
정부는 국민에게 절전을 호소했다.

1272 世間
せけん
명 세간 / 세상 / 사회 / 세상사람들

ある事件が世間の注目を集めている。
어떤 사건이 세간의 주목을 끌고 있다.

1273 驚かす
おどろ
동 놀라게 하다

青色 LED の発明は世間を驚かした。
파란색 LED 의 발명은 세간을 놀라게 했다.

1274 ニーズ
명 니즈 / 요구 / 수요

企業は若者のニーズに応えて、商品を作る。
기업은 젊은이들 수요에 대응하여 상품을 만든다.

Section 4

1275 名	了承〈する〉 りょうしょう 납득 / 양해 / 승낙 < 하다 >	国は住民の了承を得ないまま、開発を進めた。 국가는 주민의 승낙을 얻지 않은 채 개발을 진행했다.

➕ 了解〈する〉 인정 / 양해 < 하다 >
りょうかい

1276 名	個人情報 こじんじょうほう 개인정보	個人情報は確実に守られるべきだ。 개인정보는 확실하게 지켜져야 한다.

➕ マイナンバー 마이넘버 / 개인등록번호

1277 名	プライバシー 프라이버시	これはプライバシーに関わることだ。 이것은 프라이버시에 관련되는 것이다.
1278 名	定着〈する〉 ていちゃく 정착 < 하다 >	SNSは若者の間で、すっかり定着した。 SNS는 젊은 사람들 사이에서 확실하게 정착했다.
1279 名	両立〈する〉 りょうりつ 양립 < 하다 >	日本では、仕事と育児の両立は、なかなか難しい。 일본에서는 일과 육아의 양립은 꽤 어렵다.
1280 名	システム 시스템	日本の宅配便のシステムは世界から注目されている。 일본의 택배 시스템은 전 세계로부터 주목받고 있다.
1281 名	煙 けむり 연기	たばこの煙は周りの人に迷惑だ。 담배 연기는 주위 사람에게 민폐다.
1282 名	公 おおやけ 공공 / 공개 장소 / 공 공 시설 / 공개 석상	大統領が公の場で世界平和について発言する。 대통령이 공개 석상에서 세계평화에 대하여 발언한다.

➕ 公的な 공적인
こうてき

1283 名	マスコミ 매스미디어 / 매스컴 / 언론	マスコミが首相の会見に集まり、取材している。 매스컴이 수상의 회견에 모여 취재하고 있다.

🟰 マスコミュニケーション ➕ 口コミ 입소문
くち

Chapter 10

1284 メディア
명 미디어 / 언론

メディアを通して世界の状況を知る。
미디어를 통해서 세계의 상황을 안다.

1285 取材 〈する〉
명 취재 < 하다 >

テレビ局が消費者の傾向を取材する。
TV 방송국이 소비자의 경향을 취재한다.

1286 報道 〈する〉
명 보도 < 하다 >

マスコミがこの事件を、いっせいに報道した。
매스컴이 이 사건을 일제히 보도했다.

➕ 報道番組 보도방송 / 뉴스

1287 中継 〈する〉
명 중계 < 하다 >

オリンピックが現地から世界に中継された。
올림픽이 현지에서 전 세계로 중계되었다.

➕ 生中継 〈する〉 생중계 < 하다 > ・ 衛星中継 〈する〉 위성중계 < 하다 >

1288 訂正 〈する〉
명 정정 < 하다 >

ニュース番組でアナウンサーが間違いを訂正した。
뉴스 방송에서 아나운서가 잘못을 정정했다.

1289 ただちに
부 즉시

そのニュースはただちに世界中に広まった。
그 뉴스는 즉시 전 세계로 퍼졌다.

1290 コマーシャル
명 커머셜 / 광고

人気のある番組にはコマーシャルが多い。
인기 있는 프로그램에는 광고가 많다.

Section 5
세계・환경
世界(せかい)・環境(かんきょう)

1291	**国旗**(こっき) 圀 국기	弟は世界の国旗に、とても詳しい。 남동생은 전 세계 국기에 매우 해박하다.
1292	**様々な**(さまざまな) ナ형 다양한	世界には様々な文化がある。 전 세계에는 다양한 문화가 있다.
1293	**国籍**(こくせき) 圀 국적	様々な国籍の人が日本に留学している。 다양한 국적의 사람들이 일본에 유학하고 있다.
1294	**先進国**(せんしんこく) 圀 선진국	先進国のトップが集まって、会議を開く。 선진국 정상들이 모여서 회의를 연다.

➕ 発展途上国(はってんとじょうこく) 발전도상국 / 개발도상국・後進国(こうしんこく) 후진국

1295	**呼称**(こしょう) 圀 호칭	グルジアの呼称はジョージアに変わった。 그루지야의 호칭은 조지아로 바뀌었다.
1296	**宗教**(しゅうきょう) 圀 종교	宗教を巡る問題が世界中で起きている。 종교를 둘러싼 문제가 전 세계에서 일어나고 있다.
1297	**異文化**(いぶんか) 圀 이문화 / 다문화	異文化の中で習慣や文化を学ぶ。 다문화 속에서 습관과 문화를 배운다.

➕ 異文化交流(いぶんかこうりゅう)〈する〉 이문화교류 / 다문화교류

1298	**否定**(ひてい)〈する〉 圀 부정 < 하다 >	異文化は否定せず、積極的に学ぶべきだ。 다문화는 부정하지 말고 적극적으로 배워야 한다.

↔ 肯定(こうてい)〈する〉

1299	**移民**(いみん)〈する〉 圀 이민 < 하다 >	欧米諸国が移民を受け入れている。 서양 국가들이 이민을 받아 들이고 있다.

Chapter 10

1300 見方 (みかた)
명 견해 / 시각 / 관점
留学してから、ものの見方が変わった。
유학하고 나서 사물을 보는 시각이 변했다.

1301 権利 (けんり)
명 권리
どんな人にも生きる権利がある。
어떤 사람에게도 살아갈 권리가 있다.

1302 支援〈する〉 (しえん)
명 지원 <하다>
世界には支援が必要な国が多くある。
전 세계에는 지원이 필요한 나라가 많이 있다.

1303 飢える (うえる)
동 굶다
世界の飢えた子ども達を救いたい。
전 세계의 굶주린 아이들을 구하고 싶다.

1304 占める (しめる)
동 점하다 / 차지하다
A国では、貧しい人達が全体の半分を占めている。
A국에서는 가난한 사람들이 전체의 절반을 차지하고 있다.

1305 かつて
부 옛날에 / 일찍이 / 과거
かつてここには高度な文明が存在した。
일찍이 이곳에는 고도의 문명이 존재했다.

1306 主張〈する〉 (しゅちょう)
명 주장 <하다>
各国が、それぞれの立場を主張する。
각국이 서로의 입장을 주장한다.

➕ 自己主張〈する〉 (じこしゅちょう) 자기주장 <하다>

1307 交渉〈する〉 (こうしょう)
명 교섭 <하다>
アメリカと中国が経済問題に関して交渉する。
미국과 중국이 경제문제에 관하여 교섭한다.

1308 比較〈する〉 (ひかく)
명 비교 <하다>
アジア各国の経済を比較して、意見を述べなさい。
아시아 각국의 경제를 비교하여 의견을 논하시오.

➕ 比較的 (ひかくてき) 비교적

1309 危機 (きき)
명 위기
首相は世界経済に危機が迫っていると述べた。
수상은 세계경제에 위기가 다가오고 있다고 말했다.

➕ 経済危機 (けいざいきき) 경제위기

Section 5

1310	テロ	世界中でテロが起きている。
名	테러	전 세계에서 테러가 일어나고 있다.

1311	悲劇 (ひげき)	①戦争は悲劇だ。 ②ギリシャ悲劇を見に行った。
名	비극	① 전쟁은 비극이다. ② 그리스 비극을 보러 갔다.

👉 ① 비참한 사건 ② 슬픈 결말을 맺는 연극

1312	現に (げん)	戦争はなくならない。現に、今も続いている。
副	실제로 / 지금	전쟁은 사라지지 않는다. 실제로 지금도 계속되고 있다.

1313	少子化 (しょうしか)	世界で少子化と高齢化が進んでいる。
名	저출산화 / 소자화	전 세계에서 저출산과 고령화가 진행되고 있다.

➕ 少子高齢化 저출산 고령화

1314	主に (おも)	世界の人口は主にアフリカで増えている。
副	주로	전 세계 인구는 주로 아프리카에서 늘고 있다.

1315	環境 (かんきょう)	地球の環境に強い関心を持っている。
名	환경	지구 환경에 강한 관심을 갖고 있다.

➕ 環境問題 환경문제・家庭環境 가정환경・教育環境 교육환경・自然環境 자연환경

1316	温暖化 (おんだんか)	温暖化を防ぐ方法を、みんなで考えよう。
名	온난화 / 지구온난화	온난화를 막을 방법을 다 같이 생각하자.

= 地球温暖化

1317	開発〈する〉(かいはつ)	ここは30年前に海を埋めて開発された。
名	개발 < 하다 >	이곳은 30년 전에 바다를 메워 개발되었다.

1318	調査〈する〉(ちょうさ)	温暖化の影響を調査する。
名	조사 < 하다 >	온난화의 영향을 조사한다.

Chapter 10

1319 エネルギー
명 에너지

エネルギーは世界共通の問題だ。
에너지는 전 세계 공통의 문제다.

➕ エネルギー資源 에너지자원

1320 無限〈な〉
명 / ナ형 무한〈한〉

天然資源は無限ではない。(ナ形)
천연자원은 무한하지 않다.

➕ 無限大〈な〉 무한대〈의〉

1321 節電〈する〉
명 절전〈하다〉

資源を大切にするために節電する。
자원을 소중히 하기 위해 절전한다.

➕ 節水〈する〉 절수〈하다〉

1322 エコ
명 에코 / 친환경

うちのエコカーは電気をためておける。
우리집 친환경차는 전기를 모아 둘 수 있다.

🟰 エコロジー ➕ エコバッグ 에코백

1323 省エネ
명 에너지 절약

省エネが地球の温暖化を防ぐ。
에너지 절약이 지구 온난화를 막는다.

1324 汚染〈する〉
명 오염〈하다〉

A国では工場が増え、自然環境を汚染している。
A 국에서는 공장이 늘어나 자연환경을 오염시키고 있다.

➕ 環境汚染 환경오염

1325 面積
명 면적

世界で森林の面積が減少している。
전 세계에서 삼림 면적이 감소하고 있다.

1326 守る
동 지키다 / 보호하다

①みんなで大切な自然を守っていく。
②法律は全ての国民が守らなければならない。

① 다 함께 소중한 자연을 보호해 나간다.
② 법률은 모든 국민이 지켜야 한다.

👍 ① 부정적인 영향을 피하려고 노력함 ② 규칙을 따르다

Section 5

이것도 외우자! 28

➕ 접사 : 명사화③   接辞 : 名詞化③

• **~さ** (~다운 일)

めでたさ	경사스러움
良さ	장점
美しさ	아름다움
静かさ	조용함
やさしさ	다정함 / 친절함
おいしさ	맛

• **~風** (그런 느낌이 드는 것)

和風	일본풍 / 일본식
西洋風	서양풍 / 서양식
OL風	OL 풍 / OL 느낌
サラリーマン風	샐러리맨풍 / 샐러리맨 느낌
学生風	학생풍 / 학생 느낌

N2
Chapter
11
상태 · 이미지

様子・イメージ
ようす

			단어 No.
1	성격	性格 せいかく	1327~1355
2	좋은 기분	いい気分 きぶん	1356~1373
3	우울한 기분	ブルーな気分 きぶん	1374~1395
4	긍정적인 이미지	プラスのイメージ	1396~1414
5	부정적인 이미지	マイナスのイメージ	1415~1434

Section 1

성격

性格（せいかく）

1327	人柄 (ひとがら)	彼は人柄がよく、友達がとても多い。
명	인품 / 사람됨	그는 인품이 좋아서 친구가 굉장히 많다.

➕ 家柄(いえがら) 집안 / 가문 / 명문・土地柄(とちがら) 지방 풍속

1328	性質 (せいしつ)	①彼は穏やかな性質の持ち主だ。 ②この家は燃えにくい性質の材料で建てられている。
명	성질 / 성격	① 그는 온화한 성격의 소유자다. ② 이 집은 잘 안타는 성질의 재료로 지어졌다.

👉 ① 사람이 타고난 경향 ② 사물이 갖고 있는 경향 또는 기능

1329	向く (む)	①私は性格的に教師に向いていると思う。 ②名前を呼ばれたので、声がする方を向いた。
동	향하다 / 적합하다 / (얼굴을) 돌리다 / 보다	① 나는 성격적으로 교사에 적합하다고 생각한다. ② 이름을 불러서 목소리가 나는 쪽을 봤다.

➕ ①向き(む) 방향

👉 ① 적합하다 ② 신체를 일정한 방향으로 향하게 하다

1330	温厚な (おんこう)	兄は昔から温厚な人柄で、誰からも好かれている。
ナ형	온후한	오빠 / 형은 옛날부터 온후한 인품으로 누구에게나 사랑받고 있다.

➕ 温和な(おんわ) 온화한

1331	社交的な (しゃこうてき)	妹は人見知りな私と違って、とても社交的だ。
ナ형	사교적인	여동생은 낯을 가리는 나와 달리 매우 사교적이다.

➕ 内向的な(ないこうてき) 내향적인 / 내성적인

1332	活発な (かっぱつ)	あの姉妹の姉はおとなしく、妹は活発だ。
ナ형	활발한	저 자매의 언니는 얌전하고 동생은 활발하다.

Chapter 11

1333 頑固〈な〉 がんこ
명 완고<한> / ナ形
私の頑固な性格は父の遺伝だ。(ナ形)
나의 완고한 성격은 아빠의 유전이다.

1334 素朴な そぼく
ナ形 소박한
彼は昔から派手なことが嫌いで、素朴な性格だ。
그는 옛날부터 화려한 것을 싫어하는 소박한 성격이다.

1335 無邪気〈な〉 むじゃき
명 순진 / 천진난만<한> / ナ形
彼女は子どものように無邪気な性格だ。(ナ形)
그녀는 아이처럼 천진난만한 성격이다.

1336 謙虚な けんきょ
ナ形 겸허한 / 겸손한
私の上司は誰に対しても謙虚だ。
내 상사는 누구에게나 겸손하다.

1337 無口〈な〉 むくち
명 과묵<한> / ナ形
私はおしゃべりなので、無口な人が好きだ。(ナ形)
나는 말이 많아서 과묵한 사람이 좋다.

1338 人見知り〈する〉 ひとみし
명 낯가림<하다>
人見知りする性格なので、友達が少ない。
낯을 가리는 성격이라서 친구가 적다.

1339 おく病〈な〉 びょう
명 겁이 많음 / ナ形
おく病な性格を変えて、いろいろなことに挑戦したい。(ナ形)
겁이 많은 성격을 바꾸어서 여러 가지 일에 도전하고 싶다.

➕ おく病者 겁쟁이

1340 大胆な だいたん
ナ形 대담한
おく病な性格なので、大胆な人がうらやましい。
겁이 많은 성격이므로 대담한 사람이 부럽다.

➕ 小心な 소심한 しょうしん

1341 なれなれしい
イ形 허물없는 / 붙임성있다
彼は初めて会ったのに、なれなれしい人だ。
그는 처음 만났는데도 붙임성있는 사람이다.

➕ よそよそしい 서먹서먹하다 · フレンドリーな 친근한

Section 1

1342 厚かましい [イ形]
뻔뻔스러운 / 뻔뻔한

彼女が、あんなに厚かましい人とは知らなかった。
그녀가 그렇게 뻔뻔한 사람인 줄은 몰랐다.

➕ 図々しい 뻔뻔스럽다 / 넉살 좋다 / 낯 두껍다

1343 欲張り〈な〉 [名][ナ形]
욕심이 많음 / 욕심쟁이

妹は欲張りで、何でも欲しがる。(ナ形)
여동생은 욕심쟁이라서 무엇이든지 갖고 싶어한다.

➕ 欲張る 탐내다 / 지나치게 욕심을 부리다

1344 ねばり強い [イ形]
끈질기게 / 끈기있게

あきらめず、ねばり強く頑張ろう。
포기하지 말고 끈질기게 노력하자.

1345 大ざっぱな [ナ形]
조잡함 / 대범함 / 털털한

彼は大ざっぱな性格だが、お金についてはけちだ。
그는 털털한 성격이지만 돈에 대해서는 인색하다.

1346 だらしない [イ形]
야무지지 못하다 / 칠칠치 못하다 / 깔끔하지 못하다

①あの人の服装は、いつもだらしない。
②部下に注意できないなんて、部長はだらしない。
① 저 사람 복장은 언제나 깔끔하지 못하다.
② 부하에게 주의를 줄 수 없다니 부장님은 야무지지 못하다.

👉 ① 적절하지 못하다 ② 약하고 비겁한 것 또한 "だらしがない"로 표현한다

1347 ルーズな [ナ形]
루즈한 / 관념이 없는

彼は時間にルーズで、いつも人を待たせる。
그는 시간 관념이 없어서 항상 사람을 기다리게 한다.

1348 短気〈な〉 [名][ナ形]
급한 성질<의>

すぐに怒る短気な人とは付き合えない。(ナ形)
금방 화내는 성질이 급한 사람과는 사귈 수 없다.

🟰 気が短い

1349 ひきょう〈な〉 [名][ナ形]
비겁<한>

彼のやり方はひきょうだ。(ナ形)
그의 방식은 비겁하다.

➕ ひきょう者 비겁한 사람 / 배신자

1350	プライド	妹は、かなりプライドが高い。
명	프라이드 / 자존심	여동생은 꽤나 자존심이 높다.
1351	典型的な てんけいてき	彼はまじめで時間に厳しい。典型的な日本人だ。
ナ형	전형적인	그는 성실하고 시간에 엄격하다. 전형적인 일본인이다.
1352	要領 ようりょう	今年の新入社員は要領がいい。
명	요령	올해 신입사원은 요령이 좋다.
1353	乗り の	彼女は乗りがいいので、すぐ友達ができる。
명	분위기를 맞춤	그녀는 분위기를 잘 맞추어서 금방 친구가 생긴다.
1354	物事 ものごと	彼は物事をじっくりと観察して、判断する。
명	물건과 일 / 사물	그는 매사를 꼼꼼하게 관찰하고 판단하다.
1355	反面 はんめん	彼女は温厚な反面、冷たいところもある。
명	반면	그녀는 온후한 반면 냉정한 면도 있다.

Section 1

> 이것도 외우자! ㉙

➕ 접사:부정① 接辞:否定①

• 無~ (~가 없다)

【む~】

無意味	무의미
無関心	무관심
無許可	무허가
無責任	무책임
無関係	무관계
無意識	무의식
無計画	무계획
無差別	무차별
無制限	무제한
無免許	무허가
無表情	무표정

【ぶ~】

無遠慮	사양하지 아니함 / 제멋대로 행동
無作法	예의에 벗어남 / 버릇없음
無愛想	상냥하지 못함 / 무뚝뚝함 / 퉁명함

Section 2
좋은 기분
いい気分（いいきぶん）

1356	**快適な** かいてき [ナ형] 쾌적한	このホテルは、とても<u>快適だ</u>。 이 호텔은 매우 쾌적하다.
1357	**快い** こころよ [イ형] 상쾌하다 / 기분 좋다	この音楽は<u>快い</u>気分にさせてくれる。 이 음악은 상쾌한 기분을 느끼게 해준다.
1358	**心地よい** ここち [イ형] 기분이 상쾌하다 / 기분이 좋다	窓から<u>心地よい</u>風が入ってきた。 창문에서 상쾌한 바람이 들어왔다.
1359	**すがすがしい** [イ형] 상쾌하다 / 시원하다	試験が終わって、<u>すがすがしい</u>気分だ。 시험이 끝나서 상쾌한 기분이다.
1360	**リフレッシュ〈する〉** [명] 리프레시 / 재충전 〈하다〉	週末はテニスをして、<u>リフレッシュする</u>。 주말은 테니스를 해서 재충전한다.
1361	**穏やかな** おだ [ナ형] 온화한 / 평온한	いつも<u>穏やかな</u>気持ちでいたい。 항상 평온한 마음으로 있고 싶다.
1362	**心強い** こころづよ [イ형] 마음 든든하다	彼がいてくれると、とても<u>心強い</u>。 그가 있어 주면 매우 마음이 든든하다.
1363	**恋しい** こい [イ형] 그립다 / 보고싶다	さっきまで会っていたのに、彼女が<u>恋しい</u>。 조금 전까지 만났는데 여자친구가 보고싶다.
1364	**前向き** まえむ [명] 긍정적 / 적극적	彼はいつでも<u>前向き</u>に努力する。 그는 항상 긍정적으로 노력한다.

↔ 後ろ向き　✚ ポジティブな 포지티브한
うし　む

Section 2

1365 めでたい (イ形)
경사스럽다
最近、家族にめでたいことが続いている。
최근 가족에게 경사스러운 일이 계속되고 있다.

➕ おめでとう 축하

1366 ラッキーな (ナ形)
럭키한 / 운이 좋은
今日は何だかラッキーな日だ。
오늘은 왠지 운이 좋은 날이다.

↔ アンラッキーな

➕ 幸運〈な〉 행운〈의〉・ついてる 행운이 붙어있다 / 재수 좋다

1367 幸福〈な〉 (名 / ナ形)
행복〈한〉
彼女と出会ってから、穏やかで幸福な毎日だ。(ナ形)
그녀와 만나고 나서 평온하고 행복한 나날이다.

↔ 不幸〈な〉

1368 張り切る (動)
긴장하다 / 힘이 넘치다
彼は入社後、張り切って仕事に取り組んでいる。
그는 입사 후에 의욕적으로 업무에 임하고 있다.

1369 わくわく〈する〉 (副)
두근두근〈하다〉
もうすぐ夏休みだ。わくわくする。
이제 곧 여름방학이다. 두근두근한다.

1370 そわそわ[と]〈する〉 (副)
안절부절 / 들뜬 모양〈하다〉
デートの日の朝はそわそわと落ち着かない。
데이트 날 아침은 안절부절 진정이 안된다.

1371 うっとり[と]〈する〉 (副)
황홀〈하다〉
好きな歌手のコンサートで、うっとりした気分になる。
좋아하는 가수의 콘서트로 황홀한 기분이 든다.

1372 すっと〈する〉 (副)
후련 / 상쾌〈하다〉
言いたいことを全部言って、胸がすっとした。
말하고 싶은 것을 전부 말해서 가슴이 후련했다.

1373 気分転換〈する〉 (名)
기분전환〈하다〉
カラオケで気分転換して、すっきりした。
노래방에서 기분전환해서 후련해졌다.

Chapter 11

이것도 외우자! ㉚

➕ 접사 : 부정②　接辞：否定②

• **不~** (~가 부족하다)

不可能	불가능
不自然	부자연
不景気	불경기
不公平	불공평
不必要	불필요
不完全	불완전
不自由	부자유
不人気	비인기
不まじめ	불성실
不合格	불합격
不安定	불안정
不透明	불투명

Section 3
우울한 기분
ブルーな気分（きぶん）

1374 명/ナ形	**ゆううつ〈な〉** 우울 <한>	一日中雨だと、ゆううつになる。(ナ形) 하루 종일 비가 오면 우울해진다.
1375 ナ形	**みじめな** 비참한	今のみじめな生活を早く終わらせたい。 지금의 비참한 생활을 빨리 끝내고 싶다.
1376 イ形	**つらい** 고통스럽다 / 괴롭다	親友が病気になってしまい、とてもつらい。 친구가 병에 걸려 버려서 매우 괴롭다.
1377 イ形	**心細い** ここぼそ 불안하다 / 허전하다	日本へ来たばかりの頃は、とても心細かった。 일본에 막 왔을 때는 매우 불안했다.
1378 명/ナ形	**弱気〈な〉** よわき 무기력 / 나약 <한>	いつもは強気な彼が、今日はなぜか弱気だ。(ナ形) 평소에는 강한 그가 오늘은 웬일인지 무기력하다.

↔ 強気〈な〉
つよき

1379 동	**落ち込む** お こ 의기소침하다 / 풀이 죽다	彼女にふられて、落ち込んでいる。 여자친구에게 차여서 풀이 죽어 있다.
1380 명	**失望〈する〉** しつぼう 실망 < 하다 >	友達のひきょうなやり方に心から失望した。 친구의 비겁한 태도에 진심으로 실망했다.

➕ 失望感 실망감
しつぼうかん

1381 명	**絶望〈する〉** ぜつぼう 절망 < 하다 >	何をやってもうまくいかない。人生に絶望してしまいそうだ。 무엇을 해도 잘 되지 않는다. 인생에 절망해버릴 것 같다.

➕ 絶望的な 절망적인 ・ 絶望感 절망감
ぜつぼうてき　　　　　　　ぜつぼうかん

Chapter 11

1382 傷つく
[동] 상처받다 / 상처입다

弟は、すぐに傷つくタイプだ。
남동생은 금방 상처받는 타입이다.

➕ (~を) 傷つける 상처를 입히다 / 다치게 하다

1383 わずらわしい
[イ형] 번거로운 / 귀찮은 / 성가신

ときどき、人間関係がわずらわしくなる。
가끔 인간관계가 귀찮아진다.

1384 うんざり〈する〉
[副] 진절머리가 나다 / 지긋지긋하다 / 몹시 싫증남

彼の言い訳には、もううんざりだ。
그의 변명은 이제 진절머리가 난다.

➕ うざい 귀찮다 / 지긋지긋하다

👉 "うざい"는 젊은 사람들이 사용하는 비격식체다

1385 戸惑う
[동] 어리둥절하다 / 당황하다

初めての仕事で戸惑ってしまった。
처음하는 일로 당황해 버렸다.

➕ 戸惑い 당혹스러움

1386 ためらう
[동] 주저하다

街で部長に会ったが、声をかけるのをためらった。
거리에서 부장님을 만났지만 말을 거는 것을 주저했다.

1387 申し訳ない
[イ형] 죄송하다 / 변명의 여지가 없다

去年は帰国せず、両親には申し訳ないことをした。
작년은 귀국하지 않아 부모님께 죄송한 짓을 했다.

1388 すまない
[イ형] 미안한

長い間苦労をかけて、すまなかったね。
오랫동안 고생을 시켜서 미안했어.

1389 仕方 [が] ない
[イ형] 어쩔 수 [가] 없다

私がうそをついたのだから、彼が怒っても仕方ない。
내가 거짓말을 했기 때문에 그가 화를 내도 어쩔 수 없다.

＝ しょうがない

Section 3

1390 감	しまった 이런 / 큰일났다	しまった！宿題、忘れた！ 이런! 숙제를 잊어버렸다!
1391 동	恐れる おそ 두려워하다	私は、いつも失敗を恐れている。 나는 항상 실패를 두려워한다.
1392 イ형	情けない なさ 한심하다 / 비참하다	テストで0点を取るなんて、情けない。 시험에서 0점을 받다니 한심하다.
1393 명	恥 はじ 부끄러움 / 창피	駅の階段で転んで、恥をかいた。 역 계단에서 넘어져서 창피를 당했다.
1394 부	別に（〜ない） べつ 딱히 / 별로 (~ 없다)	今、別に悩みはない。 지금 별로 고민은 없다.

👉 부정적인 문장에 자주 사용된다

1395 연어	構わない かま 상관없다 / 정하지 않다	あんな人に何を言われても、構わない。 저런 사람에게 어떤 말을 들어도 상관 없다.

Section 4
긍정적인 이미지
プラスのイメージ

1396	はきはき〈する〉	生徒は先生の質問にはきはき答えた。
부	시원시원 / 또박또박	학생은 선생님의 질문에 또박또박 대답했다.

1397	清潔な	このデパートはトイレを清潔に保っている。
ナ형	청결한	이 백화점은 화장실을 청결하게 유지하고 있다.

↔ 不潔な

1398	客観的な	社長の意見は、いつも客観的だ。
ナ형	객관적인	사장님 의견은 항상 객관적이다.

↔ 主観的な

1399	冷静な	彼女は何があっても、冷静に対応する。
ナ형	냉정한 / 침착한	그녀는 무슨 일이 있어도 침착하게 대응한다.

1400	もっともな	彼女が怒るのはもっともだと思う。
ナ형	당연하다 / 지당하다	그녀가 화내는 것은 당연하다고 생각한다.

1401	謙そん〈する〉	日本には謙そんの文化がある。
명	겸손〈하다〉	일본에는 겸손의 문화가 있다.

1402	若々しい	私の祖母は外見も気持ちも若々しい。
イ형	젊다	우리 할머니는 외모도 마음도 젊으시다.

1403	ユニークな	ユニークな建築物を見るのが好きだ。
ナ형	유니크한 / 독특한	독특한 건축물을 보는 것을 좋아한다.

1404	唯一	彼は唯一信頼できる人だ。
명	유일	그는 유일하게 신뢰할 수 있는 사람이다.

Section 4

1405 洗練〈する〉
せんれん
名 세련<하다>

彼の小説は文章が洗練されている。
그의 소설은 문장이 세련되었다.

1406 品
ひん
名 품위 / 기품

彼女の言葉づかいは、とても品がある。
그녀의 말씨는 매우 품위가 있다.

➕ 品格 품격・上品な 고상한 / 품위 있는・下品な 상스러운 / 품위 없는

1407 広々[と]〈する〉
ひろびろ
副 넓찍한 모양 / 아주 넓은 모양

広々としたキッチンは、とても使いやすい。
넓찍한 주방은 매우 사용하기 편리하다.

1408 ふわふわ〈な / する〉
ナ形 副 폭신폭신<한 / 하다>

このパンはふわふわしていて、おいしそうだ。(副)
이 빵은 폭신폭신해서 맛있을 것 같다.

1409 断然
だんぜん
副 連体 단연 / 단연히

私は断然こっちの絵が好きだ。(副)
나는 단연 이쪽 그림이 좋다.

1410 結構な
けっこう
ナ形 훌륭한 / 충분한

①結構な物を、ありがとうございました。
②十分いただいたので、もう結構です。
① 근사한 물건 감사합니다.
② 충분히 먹어서 이제 괜찮습니다.

👉 ① 매우 좋다 ② 더 이상 필요하지 않다

1411 見事な
みごと
ナ形 훌륭한 / 뛰어난

彼の作品は、いつも見事だ。
그의 작품은 언제나 훌륭하다.

1412 貴重な
きちょう
ナ形 귀중한

留学は、とても貴重な経験だ。
유학은 매우 귀중한 경험이다.

➕ 貴重品 귀중품

1413 質素〈な〉
しっそ
名 ナ形 질소 / 검소<한>

無駄のない、質素な生活を送っている。(ナ形)
낭비 없는 검소한 생활을 보내고 있다.

↔ 贅沢〈な〉
ぜいたく

Chapter 11

| 1414 | 同様な
どうよう
ナ形 같은 / 마찬가지인 | 今までと同様に、これからもよろしくお願いします。
지금까지와 마찬가지로 앞으로도 잘 부탁드립니다. |

이것도 외우자! ㉛

➕ 접사 : 부정③　接辞:否定③
　　　　　　　　　せつじ　ひてい

• **非~** (~은 아니다)

非日常 ひにちじょう	비일상
非公開 ひこうかい	비공개
非公式 ひこうしき	비공식
非常識 ひじょうしき	비상식
非科学 ひかがく	비과학

• **未~** (아직 ~ 아닌)

未使用 みしよう	미사용
未確認 みかくにん	미확인
未解決 みかいけつ	미해결
未開発 みかいはつ	미개발
未完成 みかんせい	미완성
未経験 みけいけん	미경험
未成年 みせいねん	미성년

Section 5
부정적인 이미지
マイナスのイメージ

1415 憎らしい (にくらしい)
イ형 — 밉살스럽다 / 얄밉다
兄は、いつも憎らしいことを言う。
오빠 / 형은 언제나 얄미운 것을 말한다.

1416 強引な (ごういんな)
ナ형 — 억지스러운 / 강제적인
兄の友人に強引に食事に誘われた。
오빠 / 형 친구가 억지로 식사에 초대했다.

1417 うっとうしい
イ형 — 음울하다 / 성가시다
①梅雨に入って、うっとうしい天気が続く。
②彼はおしゃべりで、うっとうしい。
① 장마철에 접어들어 음울한 날씨가 이어진다.
② 그는 말이 많아서 성가시다.
👉 ① 날씨가 좋지 않다 ② 성가시고 방해되는

1418 やっかい〈な〉
명 / ナ형 — 귀찮음 / 성가심
やっかいな仕事を引き受けてしまった。(ナ形)
성가신 일을 맡아 버렸다.

1419 とんでもない
イ형 — 터무니없다 / 천만에 / 당치않다
①彼は非常識で、とんでもないやつだ。
②A「合格できたのは先生のおかげです。」
 B「とんでもない。Aさんの努力の結果ですよ。」
① 그는 비상식적이고 터무니없는 녀석이다.
② A: "합격할 수 있었던 것은 선생님 덕분입니다."
 B: "천만에. A 씨의 노력의 결과에요."
👉 ① 생각할 수 없을 정도로 안 좋은 ② 겸손하게 상대방의 말을 거절하기

1420 安易な (あんいな)
ナ형 — 안이한 / 쉬운
安易に人を信じて、だまされてしまった。
안이하게 사람을 믿었다가 속고 말았다.

1421 無難な (ぶなんな)
ナ형 — 무난한
彼の答えは、いつも無難だ。
그의 대답은 항상 무난하다.

1422 平凡な (へいぼんな)
ナ형 — 평범한
平凡な毎日で退屈だ。
평범한 나날이라 지루하다.

↔ 非凡な (ひぼん)

Chapter 11

1423 イ형	みっともない 보기 흉하다 / 꼴사납다	そんなみっともない服装で出かけるの？ 그런 보기 흉한 복장으로 나가니？
1424 イ형	見苦しい 보기 흉하다 / 볼썽사납다	彼は負けたくせに怒っている。見苦しい。 그는 진 주제에 화를 내고 있다. 볼썽사납다.
1425 イ형	みにくい 보기 흉하다	兄弟だから、お金のことでみにくい争いをしたくない。 형제니까 돈 문제로 보기 흉한 다툼을 하고 싶지 않다.
1426 ナ형	ぼろぼろな 너덜너덜한	このコートはぼろぼろだ。もう捨てよう。 이 코트는 너덜너덜하다. 이제 버리자.
1427 ナ형	あわれな 불쌍한	あわれな子どもの話を聞き、涙が出た。 불쌍한 아이의 이야기를 듣고 눈물이 났다.
1428 イ형	乏しい 모자라다 / 부족하다	彼は想像力が乏しく、話していてもつまらない。 그는 상상력이 부족해서 말하고 있어도 재미없다.

↔ 豊かな

1429 명 ナ형	中途半端〈な〉 어중간〈한〉	弟は、することがいつも中途半端だ。(ナ形) 남동생은 하는 것이 항상 어중간하다.
1430 부	まごまご〈する〉 우물쭈물〈하다〉	ATMの操作がわからず、まごまごした。 ATM 조작을 몰라서 우물쭈물했다.
1431 명	矛盾〈する〉 모순〈하다〉	彼の話は矛盾している。 그의 말은 모순되고 있다.
1432 부	にやにや〈する〉 히죽히죽〈하다〉	人を見て、にやにやするのはやめなさい。 사람을 보고 히죽거리는 것은 그만두세요.

Section 5

1433 でこぼこ〈な / する〉 | 学校の前の道はでこぼこだ。(ナ形)
명/ナ形 울퉁불퉁 <한/하다> | 학교 앞 길은 울퉁불퉁하다.

👉 "凸凹(요철)"이라고도 쓴다

1434 それなり | このドラマは評判が悪いが、それなりに面白い。
명 그대로 / 그나름 / 그런대로 / 나름대로 | 이 드라마는 평판이 나쁘지만 나름대로 재미있다.

N2 Chapter 12
틀리기 쉬운 표현

間違えやすい表現
(まちが)   (ひょうげん)

			단어 No.
1	관용구①기운·마음·가슴	慣用句①気·心·胸 (かんようく) (き こころ むね)	1435~1454
2	관용구②머리 · 얼굴	慣用句②頭·顔 (かんようく) (あたま かお)	1455~1483
3	관용구③몸	慣用句③体 (かんようく) (からだ)	1484~1504
4	부사	副詞 (ふくし)	1505~1520
5	접속표현	接続表現 (せつぞくひょうげん)	1521~1546

Section 1
관용구 ① 기운 · 마음 · 가슴

慣用句（かんようく）①気（き）・心（こころ）・胸（むね）

1435 気が早い / 성급하다
旅行は来週なのに、もう準備するなんて気が早い。
여행은 다음주인데 벌써 준비하다니 성급하다.

➕ せっかち〈な〉 성급함 / 안달남

1436 気が重い / 마음이 무겁다
仕事でミスした翌朝は、とても気が重い。
일에서 실수한 다음 날 아침은 매우 마음이 무겁다.

1437 気が合う / 마음이 맞다
鈴木さんとは、とても気が合う。
스즈키 씨와는 매우 마음이 맞는다.

➕ 馬が合う 마음이 맞다 / 죽이 맞다

1438 気が利く / 세심하다 / 눈치가 빠르다
木村さんは、よく気が利く人だ。
기무라 씨는 아주 눈치가 빠른 사람이다.

1439 気がつく / 알아차리다 / (세세한 데까지) 주의가 미치다
① 駅に着いてから、忘れ物に気がついた。
② 彼女は、よく気がつく人だ。
① 역에 도착하고 나서 잊고 나온 물건을 알아차렸다.
② 그녀는 매우 세심한 사람이다.

👍 ① 그때까지 몰랐던 것을 알다 ② 세세한 곳까지 신경을 쓰다

1440 気が強い / 기가 세다 / 성정이 강하다
妹は気が強いが、そんなところも可愛いと思う。
여동생은 성정이 강하지만 그런 점도 귀엽다고 생각한다.

↔ 気が弱い

1441 気が小さい / 소심하다
彼は気が小さいのに、大きなことを言う。
그는 소심한데도 큰소리친다.

Chapter 12

1442	気を遣う	そんなに気を遣わないでください。
	마음을 쓰다 / 신경쓰다	그렇게 신경 쓰지 말아 주세요.

1443	気が進まない	飲み会に誘われたが、あまり気が進まない。
	마음이 내키지 않다	술자리에 초대받았지만 별로 마음이 내키지 않는다.

1444	気にかかる	昨日のテストの結果が気にかかる。
	마음에 걸리다 / 걱정되다 / 신경쓰이다	어제 시험 결과가 마음에 걸린다.

➕ (〜を)気にかける 걱정하다 / 염려하다

1445	気にくわない	あの人の態度は気にくわない。
	비위에 거슬리다 / 마음에 들지 않다	저 사람의 태도는 마음에 들지 않는다.

1446	心が通う	二人は言葉はわからなくても、心が通っている。
	마음이 통하다	두 사람은 말은 몰라도 마음이 통하고 있다.

1447	心が狭い	人のミスが許せないなんて、心が狭い人だ。
	속이 좁다 / 옹졸하다	남의 실수를 용서할 수 없다니 속이 좁은 사람이다.

↔ 心が広い

1448	心が動く	試験の前日に飲み会に誘われ、心が動いた。
	마음이 움직이다 / 마음이 흔들리다	시험 전날에 술자리에 초대되어 마음이 흔들렸다.

1449	心を配る	彼女は常に周囲に心を配っている。
	마음을 쓰다 / 배려하다	그녀는 항상 주위에 마음을 쓰고 있다.

➕ 心配り 배려

1450	心を引かれる	日本に来て、茶道に心を引かれた。
	마음이 끌리다	일본에 와서 다도에 마음이 끌렸다.

Section 1

1451 心を許す
こころ ゆる
마음을 허락하다 / 신용하다

佐藤さんは田中さんにだけ心を許している。
사토 씨는 다나카 씨에게만 마음을 허락하고 있다.

1452 胸が痛む
むね いた
가슴이 아프다 / 마음이 아프다

ニュースで事件を知って、胸が痛んだ。
뉴스에서 사건을 알고 가슴이 아팠다.

1453 胸が一杯になる
むね いっぱい
가슴이 뿌듯해지다 / 가슴이 벅차오르다

両親のやさしい言葉に胸が一杯になった。
부모님의 다정한 말에 가슴이 벅찼다.

1454 胸をはずませる
むね
가슴이 두근거리다 / 가슴이 설레다

留学生活を前に胸をはずませている。
유학생활을 앞두고 가슴 설레고 있다.

Section 2
관용구 ② 머리 · 얼굴

慣用句 (かんようく) ②頭 (あたま) · 顔 (かお)

1455	頭が痛い 골치 아프다 / 머리가 아프다	日本は生活費が高いので、頭が痛い。 일본은 생활비가 비싸기 때문에 머리가 아프다.
1456	頭が固い 융통성이 없다 / 완고하다	父は頭が固くて、話し合いができない。 아빠는 완고해서 대화가 되지 않는다.
1457	頭にくる 화가 나다	あの人の態度には本当に頭にくる。 저 사람의 태도에는 정말로 화가 난다.
1458	頭が下がる 머리가 숙여지다 / 고개가 숙여지다	彼女の努力には頭が下がる。 그녀의 노력에는 고개가 숙여진다.
1459	顔が広い 발이 넓다	社長は顔が広くて、有名人の知り合いも多い。 사장님은 발이 넓어 유명한 지인도 많다.
1460	顔を出す 얼굴을 내밀다 / 얼굴을 비추다	忙しいが、飲み会に少しだけ顔を出した。 바쁘지만 회식에 잠깐 얼굴을 비쳤다.
1461	目がない 사족을 못쓰다 / 매우 좋아하다	私は甘い物に目がない。 나는 단 것에 사족을 못쓴다.
1462	目が離せない 눈을 뗄 수가 없다	好きなドラマから目が離せない。 좋아하는 드라마에서 눈을 뗄 수 없다.
1463	目が回る 눈이 핑핑 돌다 / 정신없다	毎日残業で目が回る忙しさだ。 매일 잔업으로 정신없이 바쁘다.

Section 2

1464 目に浮かぶ
눈에 떠오르다 /
눈에 선하다

寂しくなると、国の両親の顔が<u>目に浮かぶ</u>。

외로워지면 고향의 부모님 얼굴이 떠오른다.

1465 目にする
실제로 보다 /
목격하다

駅のホームで乗客同士のけんかを<u>目にした</u>。

역 플랫폼에서 승객끼리의 싸움을 목격했다.

👉 우연히 보는 것을 의미한다

1466 目に付く
눈에 띄다

<u>目に付く</u>ところにポスターを貼ろう。

눈에 띄는 곳에 포스터를 붙이자.

1467 目を疑う
눈을 의심하다

バッグの値段があまりに高くて、<u>目を疑った</u>。

가방 가격이 너무 비싸서 눈을 의심했다.

1468 目を向ける
눈을 돌리다

日本ばかりではなく、世界の出来事にも<u>目を向け</u>よう。

일본 뿐만이 아니라 전 세계의 일에도 눈을 돌리자.

1469 目を通す
훑어 보다

会議の資料に、ざっと<u>目を通す</u>。

회의 자료를 대강 훑어본다.

1470 耳が痛い
귀가 아프다

母から最近の成績について言われ、<u>耳が痛い</u>。

엄마에게 최근 성적에 대해서 말을 들어 귀가 아프다.

1471 耳が遠い
귀가 어둡다

祖父は最近少し<u>耳が遠く</u>なった。

할아버지는 요즘 조금 귀가 어두워졌다.

1472 耳にする
듣다

彼について悪いうわさを<u>耳にした</u>。

그에 대해 나쁜 소문을 들었다.

👉 우연히 듣다

1473 耳を傾ける
귀를 기울이다

みんなが先生の話に<u>耳を傾けた</u>。

모두가 선생님의 말에 귀를 기울였다.

Chapter 12

1474 耳を疑う

これまでにない大事件のニュースを聞いて、耳を疑った。

귀를 의심하다

지금껏 없던 큰 사건의 뉴스를 듣고 귀를 의심했다.

1475 口がうまい

彼は口がうまいから、気をつけた方がいい。

말을 잘하다 / 말 솜씨가 좋다

그는 말 솜씨가 좋으니 조심하는 것이 좋다.

1476 口が堅い

親友は口が堅いので、何でも相談できる。

입이 무겁다

친구는 입이 무거워서 무엇이든 상담할 수 있다.

1477 口が軽い

口が軽い人に秘密を話してはいけない。

입이 가볍다

입이 가벼운 사람에게 비밀을 이야기해서는 안된다.

1478 口が重い

彼は口が重いから、話が盛り上がらない。

입이 무겁다 / 과묵하다

그는 과묵해서 이야기가 고조되지 않는다.

1479 口が滑る

つい口が滑って、友達の秘密を話してしまった。

입을 잘못 놀리다 / 말실수하다

그만 말실수를 해서 친구의 비밀을 이야기해 버렸다.

➕ 口を滑らす 입을 잘못 놀리다

1480 口が悪い

あの人は口が悪いし、不親切だ。

입이 거칠다 / 말씨가 험하다

저 사람은 말씨가 험하고 불친절하다.

1481 口にする

① 自分の意見は、よく考えてから口にしなさい。
② どんな料理も口にしてみなければ、おいしいかどうかわからない。

입에 담다 / 말하다 / 먹다

① 자신의 의견은 잘 생각하고 나서 말하세요.
② 어떤 요리도 먹어보지 않으면 맛이 있는지 없는지를 알 수 있다.

👍 ① 자신의 의견을 내다 ② 먹다

Section 2

1482 | 口に合う | 日本料理は外国からの客の口に合ったようだ。
| 입(맛)에 맞다 | 일본요리는 외국손님 입맞에 맞았던 것 같다.

↔ 口に合わない

1483 | 口を出す | あなたは、この件に口を出さないでください。
| 말참견하다 / 참견하다 | 당신은 이 일에 참견하지 말아주세요.

Section 3
관용구③몸

慣用句(かんようく)③体(からだ)

1484	手がふさがる て 바쁘다 / 손이 묶여있다	今手がふさがっているので、後でお手伝いします。 いま て　　　　　　　　　　あと　 てつだ 지금 바빠서 나중에 도와드릴게요.
1485	手が空く て あ 손이 비다 / 한가하다	手が空いたので、何かお手伝いしましょうか。 て あ　　　　　なに てつだ 한가하니까 뭔가 도와드릴까요?
1486	手がかかる て 품이 들다 / 손이 많이 가다	これは、ずいぶん手がかかる仕事だ。 て　　　 しごと 이것은 상당히 손이 많이 가는 업무다.
1487	手が離せない て はな 손을 뗄 수 없다 / 손을 놓을 수 없다	すみません。今、手が離せないんですが…。 いま て はな 죄송합니다. 지금 일손을 놓을 수 없습니다만…
1488	手に入れる て い 손에 넣다 / 가지다	ずっと欲しかったバッグを手に入れた。 ほ　　　　　　　　て い 계속 갖고 싶었던 가방을 손에 넣었다.

➕ (〜が) 手に入る 손에 들어오다 / 받다 / 숙달하다
て　はい

1489	手にする て 손에 들다 / 손에 넣다	①デパートの売り場で、きれいなピアスを手にした。 う ば　　　　　　　　　　　 て ②サッカーの大会で優勝を手にした。 たいかい ゆうしょう て ① 백화점 매장에서 예쁜 귀걸이를 집어 들었다. ② 축구 대회에서 우승을 손에 넣었다.

👉 ① 손에 쥐다 ② 상 같은 것을 자신의 것으로 만들다

1490	手につかない て 손에 잡히지 않는다 / 집중할 수 없다	彼女のことを思うと、勉強が手につかない。 かのじょ　　　　おも　　　べんきょう て 여자친구를 생각하면 공부가 손에 잡히지 않는다.

Section 3

1491	手をつける _て	おとといからゲームに夢中で、宿題に手をつけていない。 _{むちゅう　しゅくだい　て}
	손을 대다	그저께부터 게임에 몰두해서 숙제에 손을 대지 않았다.
1492	手を貸す _{て　か}	悪いけど、ちょっと手を貸してくれない？ _{わる　　　　　　　て　か}
	손을 빌려 주다 / 돕다	미안한데 좀 도와주지 않을래？
1493	手を休める _{て　やす}	仕事の手を休めて、コーヒーを飲んだ。 _{しごと　て　やす　　　　　　　　の}
	손을 쉬다 / 손을 멈추다	일 손을 멈추고 커피를 마셨다.
1494	手を抜く _{て　ぬ}	手を抜かないで、最後まで努力しなさい。 _{て　ぬ　　　　　　さいご　　どりょく}
	손을 떼다 / 게으름 피우다	게으름 피우지 말고 끝까지 노력하세요.
1495	腕がいい _{うで}	彼は料理の腕がいい。 _{かれ　りょうり　うで}
	실력 / 솜씨가 좋다	그는 요리 솜씨가 좋다.
1496	腕を磨く _{うで　みが}	料理の腕を磨こうと、教室に通っている。 _{りょうり　うで　みが　　　　きょうしつ　かよ}
	실력 / 솜씨를 기르다	요리 솜씨를 기르려고 (요리)교실에 다니고 있다.
1497	腕が上がる _{うで　あ}	いつの間にか料理の腕が上がった。 _{ま　りょうり　うで　あ}
	실력 / 솜씨가 늘다	어느샌가 요리 솜씨가 늘었다.

➕ 腕を上げる _{うで　あ} 솜씨를 향상시키다

1498	肩を落とす _{かた　お}	弟はテストで不合格になり、肩を落とした。 _{おとうと　　　　　ふごうかく　　　　かた　お}
	어깨가 처지다	남동생은 시험에 불합격해서 어깨가 쳐졌다.
1499	腹が立つ _{はら　た}	兄の言葉に、いちいち腹が立つ。 _{あに　ことば　　　　　　はら　た}
	화가 나다	오빠 / 형의 말에 일일이 화가 난다.
1500	腹を抱える _{はら　かか}	テレビ番組を見て、腹を抱えて笑った。 _{ばんぐみ　み　　はら　かか　　わら}
	배를 움켜잡다	텔레비전 방송을 보고 배를 움켜잡고 웃었다.

Chapter 12

1501 足が出る
あし　で
예산을 넘다

買い物をしすぎて、足が出てしまった。
か もの　　　　　　　　あし で
쇼핑을 너무 많이 해서 예산을 넘어버렸다.

1502 足を伸ばす
あし　の
다리를 뻗다 /
멀리 발길을 뻗치다

散歩のついでに、美術館まで足を伸ばした。
さんぽ　　　　　びじゅつかん　　あし　の
산책하는 길에 미술관까지 발길을 뻗쳤다.

1503 足を運ぶ
あし　はこ
걸음을 하다

暑い中、足を運んでいただき、申し訳ありません。
あつ　なか　あし　はこ　　　　　　もう わけ
더운 날씨에 걸음을 해주셔서 송구합니다.

1504 足を引っ張る
あし　ひ　ぱ
발목을 잡다 /
방해하다

自分のミスでチームの足を引っ張った。
じぶん　　　　　　　　　あし　ひ　ぱ
내 실수로 팀의 발목을 잡았다.

Section 4

부사

副詞（ふくし）

1505 何かと 副
이것저것 / 여러 가지로

最近、何かと忙しい。
요즘 여러 가지로 바쁘다.

1506 何だかんだ 副
이래저래 / 이러쿵저러쿵

母は何だかんだとうるさい。
엄마는 이러쿵저러쿵 시끄럽다.

1507 なぜか 副
웬일인지 / 어쩐지

今日はなぜか食欲がない。
오늘은 웬지 식욕이 없다.

👉 なぜ 는 원인이고 여기서는 그 원인을 묻는 말로 쓰이고 있다

1508 何だか 副
왜 그런지 / 어쩐지

何だか今日は気が重い。
어쩐지 오늘은 마음이 무겁다.

1509 何しろ 副
어쨌든 / 여하튼 / 아무튼

最近、疲れ気味だ。何しろ仕事が忙しい。
요즘 피곤한 기색이다. 여하튼 일이 바쁘다.

1510 何とも（～ない） 副
더이상 / 전혀 (~않다)

彼のことなんて、もう何とも思っていない。
그에 대해 이제 더이상 생각하고 있지 않다.

1511 どうか 副
부디 / 아무쪼록

この件、どうかよろしくお願いいたします。
이 일, 아무쪼록 잘 부탁드립니다.

1512 どうにか 副
이럭저럭 / 간신히 / 그런 대로

ぎりぎりの点だったが、どうにか試験に合格できた。
아슬아슬한 점수였지만 간신히 시험에 합격할 수 있었다.

Chapter 12

1513 どうしても
① どうしても志望大学に合格したい。
② どうしても論文が書けない。

副 아무리 해도도 / 꼭 / 무슨 일이있어도
① 무슨 일이 있어도 지망대학에 합격하고 싶다.
② 아무리 해도 논문이 써지지 않는다.

👍 ① 강한 의지 ② 아무리 해도

1514 どうせ
うちのチームなんか、どうせ勝てない。

副 어차피 / 어떻든
우리 팀은 어차피 이길 수 없어.

1515 どうやら
どうやら明日は暑くなりそうだ。

副 그럭저럭 / 간신히 / 아무래도
아무래도 내일은 더워질 것 같다.

1516 とにかく
店は満席かもしれないが、とにかく行ってみよう。

副 하여간 / 어쨌든
가게는 만석일지도 모르지만 어쨌든 가보자.

= ともかく ➕ とりあえず 우선

1517 とても (~ない)
今の日本語力では、とても日本で就職できない。

副 도저히 (~ 없다)
지금의 일본어 실력으로는 도저히 일본에서 취직할 수 없다.

1518 より
今後はよりいっそう努力するつもりだ。

副 보다 / 한결 / 더욱
앞으로는 더욱 더 노력할 생각이다.

➕ なおいっそう 한층 더 / 더욱더

👍 무언가를 강조하여 표현하고 싶을 때 よりいっそう도 사용된다

1519 いかに
日本の技術がいかに進んでいるか、よくわかった。

副 어떻게 / 얼마나
일본의 기술이 얼마나 진보되어 있는지 잘 알았다.

1520 いかにも
あの子はいかにも賢そうだ。

副 어떻게든 / 정말이지 / 아무리 생각해도 / 매우
저 아이는 정말 영리한 것 같다.

Section 5

접속표현

接続表現（せつぞくひょうげん）

1521 接続	**それで** 그래서	日本は物価が高い。<u>それで</u>、バイトをしている。 일본은 물가가 비싸다. 그래서 아르바이트를 하고 있다.

= だから

➕ そのため 그 때문에 / そして 그리하여 / その結果 그 결과 / ゆえに 그래서

1522 接続	**そこで** 그래서 / 따라서	友達と食事する予定だ。<u>そこで</u>、ネットで評判のいい店を調べた。 친구와 식사할 예정이다. 그래서 인터넷으로 평판이 좋은 가게를 알아봤다.

1523 接続	**すると** 그러자	部下を叱った。<u>すると</u>、彼女は泣き出した。 부하를 야단쳤다. 그러자 그녀는 울기 시작했다.

1524 接続	**なぜなら** 왜냐하면	彼女は人気がある。<u>なぜなら</u>、気が利くからだ。 그녀는 인기가 있다. 왜냐하면 눈치가 빠르기 때문이다.

= なぜかというと

1525 接続	**というのも** 왜냐하면	最近、少しやせた。<u>というのも</u>、忙しいからだ。 요즘 조금 살이 빠졌다. 왜냐하면 바쁘기 때문이다.

= というのは

1526 接続	**つまり** 즉	明日はテストだが、勉強しない。<u>つまり</u>、あきらめたということだ。 내일은 시험이지만 공부하지 않는다. 즉 포기했다는 것이다.

➕ 要するに 요컨대 / 結局 결국 ・ すなわち 즉 / 곧 / 바꿔 말하면

Chapter 12

1527 連体	いわゆる 소위 / 이른바	弟はゲームが大好きで、いわゆるオタクだ。 남동생은 게임을 아주 좋아해서 이른바 오타쿠다.
1528 接続	その上 더구나 / 게다가	この本はわかりやすい。その上、値段も安い。 이 책은 알기 쉽다. 게다가 가격도 저렴하다.

＝ それに

1529 接続	そればかりか 게다가 / 심지어	先輩にごちそうしてもらった。そればかりか、家まで送ってもらった。 선배에게 밥을 얻어 먹었다. 게다가 집까지 바래다 주었다.

＝ そればかりでなく

1530 接続	しかも 게다가 / 더구나	日本の冬は寒い。しかも、雪が降る。 일본의 겨울은 춥다. 게다가 눈도 내린다.
1531 接続	また 또한 / 그리고	彼は留学生だ。また、画家でもある。 그는 유학생이다. 또한 화가이기도 하다.
1532 接続	しかし 하지만	けんかをして謝った。しかし、彼女は許してくれなかった。 싸움을 해서 사과했다. 하지만 그녀는 용서해주지 않았다.

➕ だが 하지만・けれども 그렇지만

1533 接続	ところが 그런데 / 그러나	昨日は飲み会だった。ところが、急に中止になった。 어제는 회식이었다. 그런데 갑자기 중지되었다.

👉 화자의 놀란 감정을 나타낸다

1534 接続	それでも 그래도 / 그런데도	彼は謝ってきた。それでも、許せなかった。 그가 사과해왔다. 그래도 용서할 수 없었다.

Section 5

1535	(それ)にもかかわらず	この店のサービスは最悪だ。それにもかかわらず、客は多い。
接続	(그럼)에도 불구하고	이 가게의 서비스는 최악이다. 그럼에도 불구하고 손님은 많다.

1536	そうはいっても	勉強は嫌いだ。そうはいっても、しないわけにはいかない。
접속	그렇다 해도	공부는 싫다. 그렇다 해도 안할 수는 없다.

➕ といっても 그렇다 해도

1537	それにしては	彼はアメリカに5年も留学していた。それにしては、英語が下手だ。
接続	그런 것 치고는	그는 미국에서 5년이나 유학했다. 그런 것 치고는 영어가 서툴다.

1538	一方	A大学は東京にある。一方、B大学は地方にある。
接続	한편 / 반면	A 대학은 도쿄에 있다. 반면 B 대학은 지방에 있다.

➕ それに対して 반면에

1539	ただ	毎年、海外旅行に行く。ただ、去年は行けなかった。
接続	다만 / 단지	매년 해외여행을 간다. 다만 작년에는 가지 못했다.

1540	ただし	テストは3時まで。ただし、延長する場合もある。
接続	단 / 다만	시험은 3시까지. 단, 연장되는 경우도 있다.

➕ もっとも 하지만 / 그러나 / 그렇지만

1541	なお	明日は運動会です。なお、昼ご飯はめいめい持ってきてください。
接続	더욱이 / 더구나 / 또한 / 덧붙여	내일은 운동회입니다. 그리고 점심 식사는 각자 가지고 와 주세요.

1542	または	お問い合わせは、メールまたはお電話でどうぞ。
接続	또는 / 혹은	문의는 이메일 또는 전화로 해주세요.

🟰 あるいは

Chapter 12

1543	それとも	会議は月曜日がいいですか。それとも、火曜日がいいですか。
接続	アニ면 / 혹은 / 또는 / 그렇지 않으면	회의는 월요일이 좋습니까? 아니면 화요일이 좋습니까?
1544	ところで	授業を終わります。ところで、マリアさんの欠席理由を誰か知っていますか。
接続	그런데 / 그나저나	수업을 마치겠습니다. 그런데 마리아 씨의 결석이유를 누군가 알고 있습니까?
1545	さて	さて、次の問題に進みましょう。
接続	그런데 / 자 / 그럼	그럼, 다음 문제로 넘어갑시다.
1546	それでは	それでは、これで今日の授業を終わります。
接続	그러면 / 그렇다면	그러면 이것으로 오늘 수업을 마치겠습니다.

= では + それなら 그렇다면 / 그러면・それじゃ 그럼

Section 5

정리해서 외우자!

여러 가지 의미를 가진 동사　いろいろな意味を持つ動詞

・あがる・さがる

家に上がる（＝入る）・上げる（＝入れる）

腕が上がる・腕を上げる（＝上手になる）

成績が上がる（＝よくなる・高くなる）⇔成績が下がる（＝悪くなる・低くなる）

風呂から上がる（＝出る）

発表であがる（＝緊張する）

線の内側に下がる（＝後ろに移動する）

・あげる・さげる

大声を上げる（＝出す）

例をあげる（＝示す）

頭を下げる（＝頭を低くする・あいさつする）

皿を下げる（＝片付ける）

・かかる・かける

電話がかかる（＝つながる）・電話をかける（＝する）

手間がかかる（＝必要だ）・手間をかける（＝使う・費やす）

インフルエンザにかかる（＝病気になる）

迷惑がかかる（＝影響がある）・迷惑をかける（＝影響を与える）

エンジンがかかる（＝エンジンが動く）・

エンジンをかける（＝エンジンを動かす）

ふとんをかける（＝上にかぶせる）

アイロンをかける（＝使用する）

声をかける（＝呼ぶ・誘う）

Chapter 12

- **立つ・立てる**

席を立つ（＝離れる）

うわさが立つ（＝うわさが広がる）

煙が立つ（＝上に上がる）

計画を立てる（＝作る）

音を立てる（＝出す）

- **つく・つける**

味がつく（＝加わる）・味をつける（＝加える）

パワーがつく（＝生まれる）・パワーをつける（＝生む・添える）

見当がつく（＝見当がはっきりする）・見当をつける（＝見当をはっきりさせる）

勝負がつく（＝勝負が決まる）・勝負をつける（＝勝負を決める）

差がつく（＝差がはっきりする）・差をつける（＝差をはっきりさせる）

- **出る・出す**

授業に出る（＝出席する）

結果が出る（＝わかる）

新商品が出る（＝発売される）・新商品を出す（＝発売する）

元気が出る（＝生まれる・起きる）・元気を出す（＝生む・起こす）

大声が出る（＝外に現れる）・大声を出す（＝外に現す）

テレビに出る（＝人の前に現れる）

宿題を出す（＝与える）

本が出る（＝出版される）・本を出す（＝出版する）

実力を出す（＝発揮する）

Section 5

- **とれる・とる**

痛みが取れる（＝なくなる）

お金を取る（＝盗む）

汚れが取れる（＝なくなる）・汚れを取る（＝除く）

資格を取る（＝取得する）

バランスを取る（＝うまく調整する）

睡眠を取る（＝眠る）

責任を取る（＝引き受ける）

連絡を取る（＝連絡する）

メモを取る（＝メモする）

休暇を取る（＝自分のものにする）

新聞を取る（＝注文して配達してもらう）

社員を採る（＝採用する）

일본유학, JLPT·EJU대책, 진학·취업지원
일본어교사양성, 기업연수, 취업소개, 교재출판

세계로의 다리, 질 높은 일본어교육
ARC アークアカデミー

ARC 그룹 1986년 창립

아크아카데미 신주쿠교 ARC도쿄일본어학교

ARC오사카일본어학교 ARC교토일본어학교

www.arc-k.co.kr (한국어)

한국연락사무소

HED 주식회사 해외교육사업단

서울특별시 서초구 강남대로 381, 두산 709호

전화 : 02-552-1010 / 팩스: 02-552-1062

홈페이지: www.hed.co.kr

50음 단어 색인

가나 읽기	단어	단어 No.

あ

가나 읽기	단어	단어 No.
あい	愛	77
アイシーカード	ICカード	467
あいしょう	愛称	30
あいじょう	愛情	77
あいする	愛する	77
あいつ	あいつ	130
あいつぐ	相次ぐ	1196
アイドル	アイドル	830
あいにく〈な〉	あいにく〈な〉	925
あいま	合間	278
アウトドア	アウトドア	897
アウトドアアクティビティ	アウトドアアクティビティ	897
アウトドアライフ	アウトドアライフ	897
あえて	あえて	38
あかじ	赤字	163
あきらかな	明らかな	1185
あきる	飽きる	185
あきれる	あきれる	47
アクセス〈する〉	アクセス〈する〉	437
あくまで[も]	あくまで[も]	1190
あくる	あくる	264
あくるひ	あくる日	264
あけがた	明け方	268
あげる	挙げる	605
あざやかな	鮮やかな	819
あしあと	足跡	1043
あじかげん	味加減	324
あしがでる	足が出る	1501
あしくび	足首	1058
あじつけ〈する〉	味付け〈する〉	318
あしもと	足元(足下)	813
あしをのばす	足を伸ばす	1502
あしをはこぶ	足を運ぶ	1503
あしをひっぱる	足を引っ張る	1504
あだな	あだ名	30
あたまがいたい	頭が痛い	1455
あたまがかたい	頭が固い	1456
あたまがさがる	頭が下がる	1458
あたまにくる	頭にくる	1457
あたり	辺り	393
あたり	当たり	907
あたる	当たる	907
あつかう	扱う	226
あつかましい	厚かましい	1342
あてはまる	当てはまる	563
あてはめる	当てはめる	563
あてる	当てる	907
あと	あと	283
あと	跡	1043
アドバイス〈する〉	アドバイス〈する〉	734
あとまわし	後回し	298
アナウンス〈する〉	アナウンス〈する〉	463
あねったい	亜熱帯	918
あばれる	暴れる	1173
アピール〈する〉	アピール〈する〉	649
あふれる	あふれる	944
アプローチ〈する〉	アプローチ〈する〉	97
アポ	アポ	703
アポイント	アポイント	703
アポなし	アポなし	703
あまえ	甘え	7

あまえる	甘える	7
あまみ	甘み	320
あまやかす	甘やかす	7
あまりに[も]	あまりに[も]	938
あみ	あみ	345
あみもの	編み物	898
あむ	編む	898
あやまる	誤る	1213
あらいもの	洗い物	273
あらかじめ	あらかじめ	262
あらすじ	あらすじ	845
あらたな	新たな	710
あらためて	改めて	706
あらためる	改める	1193
あらっぽい	荒っぽい	1200
あらゆる	あらゆる	556
ありうる	あり得る	1199
ありえない	あり得ない	1199
ありえる	あり得る	1199
ありがたい	ありがたい	2
ありがとう	ありがとう	2
ありとあらゆる	ありとあらゆる	556
ありふれた	ありふれた	846
あるいは	あるいは	1542
アルコールいぞんしょう	アルコール依存症	1160
アルミかん	アルミ缶	350
あれこれ	あれこれ	996
あれやこれや	あれやこれや	996
あれる	荒れる	948
あわれな	あわれな	1427
あん	案	493
あんいな	安易な	1420
あんかな	安価な	218
アンダーライン	アンダーライン	533
あんてい〈する〉	安定〈する〉	182
あんていかん	安定感	182
アンテナ	アンテナ	383
アンラッキーな	アンラッキーな	1366

い

いいかえる	言い換える	565
いいだす	言い出す	12
いいつける	言いつける	10
いいなおす	言い直す	565
いいわけ〈する〉	言い訳〈する〉	107
いいん	委員	511
いいんかい	委員会	511
いえがら	家柄	1327
いかす	生かす	637
いかに	いかに	1519
いかにも	いかにも	1520
いきおい	勢い	793
いきがい	生きがい	699
いきかえり	行き帰り	454
いきき〈する〉	行き来〈する〉	450
いきさき	行き先	452
いきもの	生き物	973
いくぶん	いくぶん	936
いくらか	いくらか	936
いける	いける	192
いこくじょうちょ	異国情緒	489
いごこち	居心地	381
いさましい	勇ましい	792
いし	意思	13
いし	意志	506
いし	医師	1090
いじ〈する〉	維持〈する〉	1144
いしき	意識	1096
いじょう〈な〉	異常〈な〉	1109
いじょうきしょう	異常気象	1109
いずれ	いずれ	259
いぞん〈する〉	依存〈する〉	1160

いだく	抱く	701
いち	位置	1044
いちじ	一時	265
いちじるしい	著しい	498
いちだんと	一段と	933
いちば	市場	1038
いちりゅうきぎょう	一流企業	665
いっか	一家	1
いっかだんらん	一家団らん	1
いっきに	一気に	608
いっけんや	一軒家	138
いっこうに(〜ない)	一向に(〜ない)	1156
いっこだて	一戸建て	138
いっさい(〜ない)	一切(〜ない)	277
いっしゅん	一瞬	1198
いっしょう	一生	266
いっしょうけんめい〈な〉	一生懸命〈な〉	573
いっせいに	いっせいに	574
いっそ	いっそ	384
いっそう	いっそう	932
いったん	いったん	295
いっち〈する〉	一致〈する〉	1186
いっとき	いっとき	265
いっぱんに	一般に	1057
いっぺん〈する〉	一変〈する〉	382
いっぽう(接続)	一方(接続)	1538
いっぽう(名詞)	一方(名詞)	1165
いでん〈する〉	遺伝〈する〉	1138
いでんし	遺伝子	1138
いと〈する〉	意図〈する〉	709
いどう〈する〉	移動〈する〉	726
いばしょ	居場所	1188
いばる	いばる	736
いびき	いびき	1067
いぶんか	異文化	1297

いぶんかこうりゅう〈する〉	異文化交流〈する〉	1297
イベント	イベント	829
いまいち	いまいち	811
いまさら	今さら	125
いまだに	未だに	1210
いまに	今に	805
いまひとつ	いまひとつ	811
いみん〈する〉	移民〈する〉	1299
いやみ〈な〉	いやみ〈な〉	110
いよいよ	いよいよ	664
いよく	意欲	586
いらい〈する〉	依頼〈する〉	713
いりょう	医療	1120
いりょうきかん	医療機関	1120
いりょうぎじゅつ	医療技術	1120
いるい	衣類	360
いれかえる	入れ替える	361
いれもの	入れ物	330
いわば	いわば	82
いわゆる	いわゆる	1527
インク	インク	632
いんさつ〈する〉	印刷〈する〉	630
インドア	インドア	897
インフレ	インフレ	1263
インフレーション	インフレーション	1263
いんよう〈する〉	引用〈する〉	600

う

ウイルス	ウイルス	1118
ウエスト	ウエスト	814
うえる	飢える	1303
うけいれる	受け入れる	592
うけつぐ	受け継ぐ	23
うけとる	受け取る	656
うけもち	受け持ち	510
うけもつ	受け持つ	510

うざい	うざい	1384
うしろむき	後ろ向き	1364
うすめる	薄める	319
うたがわしい	疑わしい	1157
うちあける	打ち明ける	36
うちあわせ〈する〉	打ち合わせ〈する〉	702
うちあわせる	打ち合わせる	702
うつす	映す	1161
うったえる	訴える	1168
うっとうしい	うっとうしい	1417
うっとり[と]〈する〉	うっとり[と]〈する〉	1371
うつむく	うつむく	91
うつる	映る	1161
うつわ	器	202
うでがあがる	腕が上がる	1497
うでがいい	腕がいい	1495
うでをあげる	腕を上げる	1497
うでをみがく	腕を磨く	1496
うなずく	うなずく	742
うなる	うなる	999
うまい	うまい	191
うまがあう	馬が合う	1437
うまれる	生まれる	26
うみだす	生み出す	882
うみべ	海辺	970
うむ	産む	26
うむ	有無	1205
うやまう	敬う	732
うらぎる	裏切る	115
うらない	占い	900
うらなう	占う	900
うらみ	うらみ	127
うらむ	うらむ	127
うりあげ	売り上げ	692
うりかい〈する〉	売り買い〈する〉	303
うりだす	売り出す	228
うりょう	雨量	945
うれゆき	売れ行き	691
うわがきほぞん〈する〉	上書き保存〈する〉	628
うわまわる	上回る	1265
うんざり〈する〉	うんざり〈する〉	1384
うんちん	運賃	461
うんどうぶそく	運動不足	1085
うんめい	運命	98

え

えいえんに	永遠に	267
えいきゅうに	永久に	267
えいせいちゅうけい〈する〉	衛星中継〈する〉	1287
えがく	描く	447
エコ	エコ	1322
エコバッグ	エコバッグ	1322
エコロジー	エコロジー	1322
エネルギー	エネルギー	1319
エネルギーしげん	エネルギー資源	1319
えほん	絵本	858
エリア	エリア	397
える	得る	695
えん	縁	29
えんかつな	円滑な	473
えんぎ〈する〉	演技〈する〉	839
えんげき	演劇	834
えんじょ〈する〉	援助〈する〉	180
えんじる	演じる	839
えんぜつ〈する〉	演説〈する〉	1236
えんちょう〈する〉	延長〈する〉	791
えんちょうせん	延長戦	791
エントリー〈する〉	エントリー〈する〉	635
エントリーシート	エントリーシート	635

お

おいだす	追い出す	128

おう	負う	764
おうせいな	旺盛な	542
おうせつ〈する〉	応接〈する〉	704
おうたい〈する〉	応対〈する〉	704
おうだん〈する〉	横断〈する〉	455
おうだんほどう	横断歩道	455
おうとう〈する〉	応答〈する〉	951
おうふく〈する〉	往復〈する〉	454
おうよう〈する〉	応用〈する〉	561
おおいに	大いに	75
おおう	覆う	923
おおがらな	大柄な	1055
オークション	オークション	223
オーケストラ	オーケストラ	840
おおざっぱな	大ざっぱな	1345
オーダー〈する〉	オーダー〈する〉	197
オーダーメイド	オーダーメイド	825
おおて	大手	666
オーナー	オーナー	673
オーバー〈する〉	オーバー〈する〉	1028
おおはばな	大幅な	1034
おおまかな	大まかな	176
おおや	大家	54
おおやけ	公	1282
おおよそ	おおよそ	1253
おかげ	おかげ	117
おかん	悪寒	1104
おぎなう	補う	1084
おく	奥	147
おくびょう〈な〉	おく病〈な〉	1339
おくびょうもの	おく病者	1339
おさまる	治まる	1224
おさめる	納める	166
おさめる	治める	1224
おじぎ〈する〉	おじぎ〈する〉	52
おしこむ	押し込む	370
おしつける	押し付ける	737
おせじ	お世辞	746
おせん〈する〉	汚染〈する〉	1324
おそれる	恐れる	1391
おそわる	教わる	502
おだやかな	穏やかな	1361
おちこむ	落ち込む	1379
おてせい	お手製	332
おどかす	おどかす	1176
おとずれる	訪れる	1016
おとろえる	おとろえる	1080
おどろかす	驚かす	1273
おのおの	各々	1238
オフィス	オフィス	675
おぶう	おぶう	1011
おぼえ	覚え	60
おまけ〈する〉	おまけ〈する〉	214
おむつ	おむつ	358
おめでとう	おめでとう	1365
おもいうかぶ	思い浮かぶ	304
おもいうかべる	思い浮かべる	304
おもいがけず	思いがけず	1030
おもいがけない	思いがけない	1030
おもいこみ	思い込み	65
おもいこむ	思い込む	65
おもいたつ	思い立つ	1022
おもいつき	思いつき	587
おもいつく	思いつく	587
おもいやり	思いやり	41
おもいやる	思いやる	41
おもに	主に	1314
おもわず	思わず	1164
およそ	およそ	1253
およぶ	及ぶ	955
およぼす	及ぼす	954
おろそかな	おろそかな	547

おわび	おわび	744
おんがくかんしょう〈する〉	音楽鑑賞〈する〉	842
おんこうな	温厚な	1330
おんしゃ	御社	638
おんたい	温帯	918
おんだんか	温暖化	1316
おんちゅう	御中	639
おんぶ〈する〉	おんぶ〈する〉	1011
おんわな	温和な	1330

か

カーソル	カーソル	621
ガードマン	ガードマン	728
かいかい〈する〉	開会〈する〉	789
かいかえ	買い換(替)え	227
かいかえる	買い換(替)える	227
かいぎょう〈する〉	改行〈する〉	622
かいけい〈する〉	会計〈する〉	199
がいけん	外見	815
かいご〈する〉	介護〈する〉	20
かいごう	会合	702
がいこう	外交	1227
がいこうかん	外交官	1227
かいごし	介護士	20
かいごしせつ	介護施設	418
かいし〈する〉	開始〈する〉	507
かいしゃく〈する〉	解釈〈する〉	880
かいしゅう〈する〉	回収〈する〉	576
かいすいよく	海水浴	1041
かいせい〈する〉	改正〈する〉	1242
かいぜん〈する〉	改善〈する〉	438
かいてい	海底	972
かいてきな	快適な	1356
かいとうようし	解答用紙	560
[お]かいどく	[お]買い得	211
かいぬし	飼い主	55
かいはつ〈する〉	開発〈する〉	1317
がいむだいじん	外務大臣	1233
かいりょう〈する〉	改良〈する〉	438
かえって	かえって	1146
かえる	替える	286
かえる	換える	286
かおがひろい	顔が広い	1459
かおく	家屋	141
かおをだす	顔を出す	1460
かかえる	抱える	1248
かかく	価格	217
かかげる	掲げる	1226
かかす	欠かす	274
かかと	かかと	1059
(いしゃに)かかる	(医者に)かかる	1159
かかわる	関わる	1170
かきこみ	書き込み	529
かきこむ	書き込む	529
かきて	書き手	861
かきとめる	書き留める	580
かきとり	書き取り	530
かきとる	書き取る	530
かぎる	限る	567
かぐ	かぐ	307
かくご〈する〉	覚悟〈する〉	1135
かくじ	各自	1238
かくじつな	確実な	578
がくしゅう〈する〉	学習〈する〉	525
がくしゅうほう	学習法	525
かくす	隠す	1247
かくだい〈する〉	拡大〈する〉	626
かくち	各地	1036
かくてい〈する〉	確定〈する〉	1184
がくもん	学問	583
かくりつ	確率	920
がくりょく	学力	526

がくれき	学歴	642
がくれきふもん	学歴不問	643
かくれる	隠れる	1247
かける	欠ける	518
かげん〈する〉	加減〈する〉	324
かこ	過去	243
かさい	火災	1219
かさかさ〈な/する〉	かさかさ〈な/する〉	1148
かさなる	重なる	773
かさねる	重ねる	203
かしかり〈する〉	貸し借り〈する〉	122
かしつ	過失	1212
かしょ	箇所	559
かじる	かじる	189
かすかな	かすかな	1010
かせん	下線	533
かそく〈する〉	加速〈する〉	1264
かだい	課題	557
かたがき	肩書き	729
かたむく	傾く	949
かたまる	固まる	325
かためる	固める	325
かたよる	かたよる	1054
かたをおとす	肩を落とす	1498
かち	価値	220
かちかん	価値観	220
かちまけ	勝ち負け	782
がっかい	学会	596
かっき	活気	389
かつぐ	担ぐ	374
かっこいい	かっこいい	806
かっこう	格好	806
がっこうすいせん	学校推薦	504
かっこわるい	かっこ悪い	806
かつて	かつて	1305
かっぱつな	活発な	1332

カップル	カップル	76
かつよう〈する〉	活用〈する〉	552
かてい	過程	516
かていかんきょう	家庭環境	1315
かなう	かなう	300
かなえる	かなえる	300
かにゅう〈する〉	加入〈する〉	1089
かねんごみ	可燃ごみ	349
かのう〈な〉	可能〈な〉	548
かのうせい	可能性	548
かまわない	構わない	1395
かみおむつ	紙おむつ	358
ガムテープ	ガムテープ	369
からかう	からかう	43
からだがもつ	体が持つ	1068
からだをこわす	体を壊す	1072
かわす	交わす	56
かん	勘	570
かんがえこむ	考え込む	566
かんかく	間隔	472
かんき〈する〉	換気〈する〉	294
かんきせん	換気せん	294
かんきゃく	観客	795
かんきょう	環境	1315
かんきょうおせん	環境汚染	1324
かんきょうもんだい	環境問題	1315
がんこ〈な〉	頑固〈な〉	1333
かんこうめいしょ	観光名所	1037
かんじ	幹事	44
がんしょ	願書	503
かんしょう〈する〉	鑑賞〈する〉	842
かんじょう〈する〉	勘定〈する〉	199
がんじょうな	頑丈な	151
かんじんな	肝心な	647
かんせい〈する〉	完成〈する〉	609
かんせつ	間接	68

かんせん〈する〉	感染〈する〉	1112
かんそう	感想	855
かんそうぶん	感想文	855
かんそく〈する〉	観測〈する〉	946
かんちがい〈する〉	勘違い〈する〉	106
かんとく〈する〉	監督〈する〉	844
かんびょう〈する〉	看病〈する〉	1136
かんれん〈する〉	関連〈する〉	1254

き

きあつ	気圧	947
キープ〈する〉	キープ〈する〉	1144
キーボード	キーボード	612
ぎいん	議員	1234
きおく	記憶	60
きがあう	気が合う	1437
きがおもい	気が重い	1436
きがきく	気が利く	1438
きがすすまない	気が進まない	1443
きがちいさい	気が小さい	1441
きがつく	気がつく	1439
きがつよい	気が強い	1440
きがはやい	気が早い	1435
きがみじかい	気が短い	1348
きがよわい	気が弱い	1440
きき	危機	1309
ききて	聞き手	861
ききとる	聞き取る	530
ききなれる	聞き慣れる	445
きくばり〈する〉	気配り〈する〉	71
きけんぼうし	危険防止	1203
きこう	気候	912
きごう	記号	531
きごこち	着心地	381
きし	岸	969
きじ	生地	823
きしゃ	貴社	638
きしょう〈する〉	起床〈する〉	269
きしょうじかん	起床時間	269
きずあと	傷跡	1066
きずく	築く	405
きずぐち	傷口	1066
きずつく	傷つく	1382
きずつける	傷つける	1382
きせい〈する〉	帰省〈する〉	436
きそ	基礎	543
きそう	競う	779
きそてきな	基礎的な	543
きたえる	きたえる	1081
きたむき	北向き	149
きちょうな	貴重な	1412
きちょうひん	貴重品	1412
きっぱり[と]	きっぱり[と]	108
きどう〈する〉	起動〈する〉	610
きにかかる	気にかかる	1444
きにかける	気にかける	1444
きにくわない	気にくわない	1445
きねんさつえい〈する〉	記念撮影〈する〉	904
きのう〈する〉	機能〈する〉	1145
きふ〈する〉	寄付〈する〉	1257
きぶんてんかん〈する〉	気分転換〈する〉	1373
きほん	基本	544
きほんてきな	基本的な	544
きまずい	気まずい	124
きまり	決まり	137
～ぎみ	～気味	1103
きみょうな	奇妙な	871
ぎむ	義務	1260
ぎゃくてん〈する〉	逆転〈する〉	788
きゃっかんてきな	客観的な	1398
キャンパス	キャンパス	593
きゅうげきな	急激な	1155
きゅうこう〈する〉	休講〈する〉	594

きゅうしゅう〈する〉	吸収〈する〉	346
きゅうしゅうりょく	吸収力	346
きゅうじょ〈する〉	救助〈する〉	1222
きゅうじん	求人	633
きゅうじんこうこく	求人広告	633
きゅうぞう〈する〉	急増〈する〉	488
きゅうそく〈する〉	休息〈する〉	986
きゅうそくな	急速な	934
きゅうよう	急用	723
きゅうよう〈する〉	休養〈する〉	1069
きょういくかんきょう	教育環境	1315
きょうか〈する〉	強化〈する〉	408
きょうぎ〈する〉	競技〈する〉	778
きょうぎかい	競技会	778
きょうぎじょう	競技場	778
きょうきゅう〈する〉	供給〈する〉	481
ぎょうじ	行事	439
きょうしゅく〈する〉	恐縮〈する〉	739
ぎょうせき	業績	686
きょうちょう〈する〉	強調〈する〉	625
きょうちょう〈する〉	協調〈する〉	646
きょうちょうせい	協調性	646
きょうつう〈する〉	共通〈する〉	895
きょうよう	教養	527
ぎょぎょう	漁業	485
ぎょそん	漁村	485
きょひ〈する〉	拒否〈する〉	1167
きりかえる	切り替える	995
きりとる	切り取る	230
きりょく	気力	1051
ぎろん〈する〉	議論〈する〉	1231
きをつかう	気を遣う	1442
きをぬく	気を抜く	479
きんがく	金額	219
きんく	禁句	94
きんこう	近郊	446
きんじょづきあい	近所付き合い	53
きんにく	筋肉	1063
きんにくつう	筋肉痛	1063
きんもつ	禁物	94

く

くいき	区域	397
くうせき	空席	1027
くうかん	空間	146
ぐうぐう	ぐうぐう	993
くうそう〈する〉	空想〈する〉	878
くかいぎいん	区会議員	1234
くぎり	区切り	623
くぎる	区切る	623
くさい	臭い	327
くじびき	くじ引き	401
ぐたいてきな	具体的な	1092
くたびれる	くたびれる	375
ぐち	ぐち	74
くちがうまい	口がうまい	1475
くちがおもい	口が重い	1478
くちがかたい	口が堅い	1476
くちがかるい	口が軽い	1477
くちがすべる	口が滑る	1479
くちがわるい	口が悪い	1480
くちげんか〈する〉	口げんか〈する〉	119
くちコミ	口コミ	1283
くちにあう	口に合う	1482
くちにあわない	口に合わない	1482
くちにする	口にする	1481
くちをすべらす	口を滑らす	1479
くちをだす	口を出す	1483
くつう	苦痛	749
くっきり〈する〉	くっきり〈する〉	1150
ぐっと	ぐっと	763
くつろぐ	くつろぐ	991
くどい	くどい	194

くびになる	首になる	755
くふう〈する〉	工夫〈する〉	321
くみあわせ	組み合わせ	910
くみあわせる	組み合わせる	910
くむ	組む	711
くやむ	悔やむ	770
クライアント	クライアント	712
グラウンド	グラウンド	797
グランプリ	グランプリ	856
くるう	狂う	362
ぐるぐる[と]	ぐるぐる[と]	476
くれぐれも	くれぐれも	1091
くろうと	玄人	891
ぐんぐん[と]	ぐんぐん[と]	935
くんれん〈する〉	訓練〈する〉	403

け

ケア〈する〉	ケア〈する〉	1143
けいい	敬意	731
けいかく	計画	1021
けいき	景気	1262
けいこ	けいこ	884
けいこう	傾向	961
けいざいきき	経済危機	1309
げいじゅつか	芸術家	843
げいじゅつかんしょう〈する〉	芸術鑑賞〈する〉	842
けいしょう	軽傷	1116
けいぞく〈する〉	継続〈する〉	590
げいのうじん	芸能人	830
けいひ	経費	162
けいび〈する〉	警備〈する〉	157
けいびいん	警備員	157
けいびがいしゃ	警備会社	157
げいめい	芸名	862
けいやく〈する〉	契約〈する〉	659
けいやくしゃいん	契約社員	659
けいやくしょ	契約書	659
げきげん〈する〉	激減〈する〉	488
げきじょう	劇場	835
げきぞう〈する〉	激増〈する〉	488
けずる	削る	299
けつあつ	血圧	1050
けつい〈する〉	決意〈する〉	99
けつえきがたうらない	血液型占い	900
けっかん	血管	1061
けっこうな	結構な	1410
けっしん〈する〉	決心〈する〉	99
けなす	けなす	112
げひんな	下品な	1406
けむり	煙	1281
げり〈する〉	下痢〈する〉	1102
けれども	けれども	1532
けん	件	722
けんかい	見解	1267
けんきょな	謙虚な	1336
げんざい	現在	242
けんさく〈する〉	検索〈する〉	615
げんじょう	現状	546
けんそん〈する〉	謙そん〈する〉	1401
げんち	現地	501
けんちく〈する〉	建築〈する〉	420
けんちくか	建築家	420
けんとう	見当	406
けんとう〈する〉	検討〈する〉	494
げんに	現に	1312
けんめい	件名	722
けんり	権利	1301
げんりょう〈する〉	減量〈する〉	1154

こ

こいしい	恋しい	1363
コインロッカー	コインロッカー	419
こうい	行為	118

ごういんな	強引な	1416
こううん〈な〉	幸運〈な〉	1366
こうかい〈する〉	後悔〈する〉	770
こうがくれき	高学歴	642
こうかな	高価な	218
ごうかな	豪華な	1023
こうきゅうな	高級な	748
こうきょう	公共	460
こうぎょう	工業	485
こうきょうりょうきん	公共料金	168
こうけつあつ	高血圧	1050
こうけん〈する〉	貢献〈する〉	1256
ごうコン	合コン	96
こうし	講師	595
こうしこんどう〈する〉	公私混同〈する〉	550
こうじつ	口実	90
こうしょう〈する〉	交渉〈する〉	1307
こうじょう〈する〉	向上〈する〉	490
こうしん〈する〉	更新〈する〉	135
こうしんこく	後進国	1294
こうずい	洪水	944
こうすいりょう	降水量	945
こうせい〈する〉	構成〈する〉	491
こうせい〈な〉	公正〈な〉	654
こうせつりょう	降雪量	945
こうたい〈する〉	交替〈する〉	425
こうだいな	広大な	965
こうちょう〈な〉	好調〈な〉	1071
こうてい〈する〉	肯定〈する〉	1298
こうてきな	公的な	1282
こうど〈な〉	高度〈な〉	1121
こうとう〈な〉	高等〈な〉	514
こうどう〈する〉	行動〈する〉	959
ごうとう	強盗	1172
ごうどう〈する〉	合同〈する〉	651
ごうどうはっぴょう〈する〉	合同発表〈する〉	651
こうにゅう〈する〉	購入〈する〉	210
こうひょう	好評	854
こうふく〈な〉	幸福〈な〉	1367
こうぶつ	好物	184
こうふん〈する〉	興奮〈する〉	832
こうへい〈な〉	公平〈な〉	654
こうほしゃ	候補者	1235
こうらくびより	行楽日和	930
こうりつてきな	効率的な	541
ごうりてきな	合理的な	541
こうろん〈する〉	口論〈する〉	119
ごかい〈する〉	誤解〈する〉	105
ごがくがっこう	語学学校	523
こがらな	小柄な	1055
こきゅう〈する〉	呼吸〈する〉	1099
こきょう	故郷	432
こぐ	こぐ	1001
ごく	ごく	160
こくせき	国籍	1293
こくち〈する〉	告知〈する〉	1134
こくふく〈する〉	克服〈する〉	1139
こごえる	凍える	927
ここちよい	心地よい	1358
こころあたり	心当たり	61
こころえ	心得	661
こころえる	心得る	661
こころがうごく	心が動く	1448
こころがかよう	心が通う	1446
こころがけ	心掛け	582
こころがせまい	心が狭い	1447
こころがひろい	心が広い	1447
こころがまえ	心構え	582
こころくばり	心配り	1449
こころざし	志	535

こころざす	志す	535
こころづよい	心強い	1362
こころぼそい	心細い	1377
こころみる	試みる	768
こころよい	快い	1357
こころをくばる	心を配る	1449
こころをひかれる	心を引かれる	1450
こころをゆるす	心を許す	1451
ごじつ	後日	257
こしょう	呼称	1295
こじんじょうほう	個人情報	1276
こじんりょこう	個人旅行	1014
コスト	コスト	693
こそこそ〈する〉	こそこそ〈する〉	92
こだい	古代	868
こたえる	応える	411
こだわり	こだわり	886
こだわる	こだわる	885
ごちゃごちゃ〈な/する〉	ごちゃごちゃ〈な/する〉	335
コツ	コツ	908
こっかい	国会	1230
こっき	国旗	1291
こつこつ[と]	こつこつ[と]	538
こっそり[と]	こっそり[と]	92
コットン	コットン	824
こなす	こなす	716
このましい	好ましい	653
このむ	好む	653
ごぶさた〈する〉	ご無沙汰〈する〉	738
コマーシャル	コマーシャル	1290
ごますり	ごますり	747
ごまをする	ごまをする	747
ごみしゅうしゅうしゃ	ごみ収集車	426
ごみぶくろ	ごみ袋	354
コミュニケーション	コミュニケーション	66
こめる	込める	72
コメント〈する〉	コメント〈する〉	1228
こもる	こもる	992
こらえる	こらえる	1101
ごらく	娯楽	1015
こりしょう	凝り性	887
こる	凝る	887
コレクション〈する〉	コレクション〈する〉	889
コレクター	コレクター	889
ころがす	転がす	998
ころがる	転がる	998
ごろごろ〈する〉	ごろごろ〈する〉	988
こんき	根気	540
こんきづよい	根気強い	540
こんご	今後	260
こんだて	献立	312
こんどう〈する〉	混同〈する〉	550
コントロール〈する〉	コントロール〈する〉	301
こんなん〈な〉	困難〈な〉	1192
こんにち	今日	247
コンパ	コンパ	96
さ		
さ	差	939
さいがい	災害	963
さいかい〈する〉	再会〈する〉	59
さいかい〈する〉	再開〈する〉	466
さいきどう〈する〉	再起動〈する〉	610
さいきん	細菌	1118
さいそく〈する〉	催促〈する〉	198
さいてきな	最適な	1012
さいてん〈する〉	採点〈する〉	577
さいばい〈する〉	栽培〈する〉	482
さいばん〈する〉	裁判〈する〉	1169
さいばんかん	裁判官	1169
さいばんしょ	裁判所	1169
サイン〈する〉	サイン〈する〉	415

さか	坂	392
さかい	境	399
さかえる	栄える	486
さからう	逆らう	17
さきほど	先ほど	255
さきゅう	砂丘	966
さぎょう〈する〉	作業〈する〉	719
さくしゃ	作者	860
さくせい〈する〉	作成〈する〉	444
さくひん	作品	859
さくもつ	作物	484
さぐる	探る	88
さける	避ける	104
ささいな	ささいな	103
ささやく	ささやく	93
さしひく	差し引く	177
さす	指す	474
さすが[に]	さすが[に]	794
さつえい〈する〉	撮影〈する〉	904
さっさと〈する〉	さっさと〈する〉	378
さつじん	殺人	1172
さっする	察する	40
さつたば	札束	366
さっと	さっと	338
さっぱり（〜ない）	さっぱり（〜ない）	569
さて	さて	1545
さばく	砂漠	966
サプリメント	サプリメント	1086
さほう	作法	903
サポート〈する〉	サポート〈する〉	735
さまざまな	様々な	1292
さます	冷ます	316
さまたげる	妨げる	496
さむけ	寒気	1104
さめる	冷める	328
さゆう	左右	469
さよう〈する〉	作用〈する〉	1128
さらさら〈な/する〉	さらさら〈な/する〉	1062
さらに	さらに	1079
さる	去る	956
サングラス	サングラス	826
さんこう	参考	499
さんこうしょ	参考書	528
ざんだか	残高	174
さんふじんか	産婦人科	24
さんぽびより	散歩日和	930

し

し[い]んと〈する〉	し[い]んと〈する〉	985
シーズン	シーズン	913
シーズンオフ	シーズンオフ	913
しいん〈する〉	試飲〈する〉	233
ジェネレーション	ジェネレーション	22
しえん〈する〉	支援〈する〉	1302
しおかげん	塩加減	324
しかい	視界	1098
しかいぎいん	市会議員	1234
じかく〈する〉	自覚〈する〉	663
じかくしょうじょう	自覚症状	663
しかし	しかし	1532
しかた[が]ない	仕方[が]ない	1389
じかに	じかに	707
しかも	しかも	1530
しき	四季	914
しききん	敷金	134
しきさい	色彩	817
しきゅう	至急	724
しきゅう〈する〉	支給〈する〉	676
しきゅうがく	支給額	676
しきりに	しきりに	1108
しげき	刺激	1147
しげきてきな	刺激的な	1147
しげんごみ	資源ごみ	350

じこアピール〈する〉	自己アピール〈する〉	649
じこしゅちょう〈する〉	自己主張〈する〉	1306
じこしょうかい	自己紹介	51
じこまんぞく	自己満足	761
じこりゅう	自己流	51
しじ〈する〉	支持〈する〉	1237
しじしゃ	支持者	1237
じじつ	事実	1246
ししゅつ	支出	159
じじょう	事情	1204
ししょく〈する〉	試食〈する〉	233
しじりつ	支持率	1237
システム	システム	1280
しずまる	静まる	952
しずむ	沈む	980
しせい	姿勢	1158
しせつ	施設	418
しせん	視線	83
しぜんかんきょう	自然環境	1315
じぜんに	事前に	262
しそう	思想	1241
じたい〈する〉	辞退〈する〉	658
したがう	従う	741
したまち	下町	387
したまわる	下回る	1265
じちたい	自治体	409
しちゃく〈する〉	試着〈する〉	234
しちゃくしつ	試着室	234
しちょう	市長	410
しつけ	しつけ	9
しつける	しつける	9
しつげん〈する〉	失言〈する〉	1229
じつげん〈する〉	実現〈する〉	549
じっさい	実際	873
じっし〈する〉	実施〈する〉	1243
しっしん	しっしん	1106
じっせき	実績	1122
しっそ〈な〉	質素〈な〉	1413
じつに	実に	1191
じつぶつ	実物	239
しつぼう〈する〉	失望〈する〉	1380
しつぼうかん	失望感	1380
しどう〈する〉	指導〈する〉	800
しどうしゃ	指導者	800
じどうてきな	自動的な	337
しはい〈する〉	支配〈する〉	1249
しばい〈する〉	芝居〈する〉	839
[お]しばい	[お]芝居	834
しばしば	しばしば	1046
しばふ	芝生	997
しばる	しばる	367
しぶい	渋い	193
しぼう	脂肪	1152
しぼう〈する〉	志望〈する〉	634
しぼう〈する〉	死亡〈する〉	1056
しぼうこう	志望校	634
しぼうどうき	志望動機	640
しほん	資本	687
しほんきん	資本金	687
しまった	しまった	1390
しみじみ[と]	しみじみ[と]	4
じみちな	地道な	539
しめいてはい〈する〉	指名手配〈する〉	1024
しめす	示す	89
しめる	占める	1304
じもと	地元	433
しや	視野	1098
じゃ	じゃ	1546
しゃかいじん	社会人	662
しゃがむ	しゃがむ	1097
しゃこうてきな	社交的な	1331
しゃないアナウンス	車内アナウンス	463

しゃぶる	しゃぶる	357
ジャンプ〈する〉	ジャンプ〈する〉	1171
ジャンル	ジャンル	584
しゅうい	周囲	282
しゅうきょう	宗教	1296
じゅうぎょういん	従業員	670
じゆうこうどう	自由行動	959
じゅうし〈する〉	重視〈する〉	492
じゅうじつ〈する〉	充実〈する〉	513
じゅうじつかん	充実感	513
しゅうしゅう〈する〉	収集〈する〉	426
じゅうしょう	重傷	1116
しゅうしん〈する〉	就寝〈する〉	269
しゅうせい〈する〉	修正〈する〉	416
しゅうせいテープ	修正テープ	416
じゅうたい	重体	1116
じゅうたく	住宅	395
じゅうたくがい	住宅街	395
じゅうたくローン	住宅ローン	136
しゅうにゅう	収入	159
しゅうへん	周辺	281
じゅうみん	住民	412
じゅうやく	重役	674
じゅうらい	従来	263
しゅうりょう〈する〉	修了〈する〉	520
しゅうりょう〈する〉	終了〈する〉	575
しゅうりょうしょうしょ	修了証書	520
しゅかんてきな	主観的な	1398
しゅくしょう〈する〉	縮小〈する〉	626
しゅくはく〈する〉	宿泊〈する〉	1033
じゅこう〈する〉	受講〈する〉	579
しゅざい〈する〉	取材〈する〉	1285
じゅしょう〈する〉	受賞〈する〉	856
しゅしょく	主食	205
しゅじんこう	主人公	863
しゅだん	手段	459
しゅちょう〈する〉	主張〈する〉	1306
しゅっさん〈する〉	出産〈する〉	25
しゅっさんいわい	出産祝い	25
しゅっせ〈する〉	出世〈する〉	677
しゅっぴ〈する〉	出費〈する〉	162
じゅみょう	寿命	1056
しゅやく	主役	837
じゅよう	需要	429
しゅわ	手話	901
じゅんい	順位	798
しゅんかしゅうとう	春夏秋冬	914
しゅんかん	瞬間	909
じゅんじょ	順序	629
しょう	賞	856
しょうエネ	省エネ	1323
しょうがい	障がい	1064
しょうがいしゃ	障がい者	1064
しょうがない	しょうがない	1389
しょうきょ〈する〉	消去〈する〉	627
しょうぎょう	商業	485
じょうきょう	状況	777
じょうきょう	情況	777
しょうげん〈する〉	証言〈する〉	1206
しょうしか	少子化	1313
しょうしこうれいか	少子高齢化	1313
しょうじょ	少女	1201
しょうしん〈する〉	昇進〈する〉	678
しょうしんな	小心な	1340
じょうたつ〈する〉	上達〈する〉	537
じょうちょ	情緒	489
じょうとうな	上等な	748
しょうねん	少年	1201
しょうはい	勝敗	782
しょうひきげん	消費期限	331
しょうひぜい	消費税	222
じょうひんな	上品な	1406

しょうぶ〈する〉	勝負〈する〉	781
しょうぼうしゃ	消防車	1220
しょうみきげん	賞味期限	331
しょうり〈する〉	勝利〈する〉	783
しょか	初夏	917
しょくたく	食卓	297
しょくぶつ	植物	975
しょくもつ	食物	293
しょくよくおうせいな	食欲旺盛な	542
しょしんしゃ	初心者	892
しょせき	書籍	857
しょたいめん	初対面	50
しょとく	所得	159
しょぶん〈する〉	処分〈する〉	363
しょほ	初歩	892
しょめい〈する〉	署名〈する〉	415
しょもつ	書物	857
しょり〈する〉	処理〈する〉	428
じりつ〈する〉	自立〈する〉	11
しろあと	城跡	1043
しろうと	素人	891
しんこきゅう〈する〉	深呼吸〈する〉	1099
しんこくな	深刻な	1270
じんさい	人災	963
じんざい	人材	683
じんじ	人事	682
しんしん	心身	1052
じんしんじこ	人身事故	464
じんせい	人生	866
しんたいそくてい	身体測定	1048
しんちく〈する〉	新築〈する〉	158
しんちょうな	慎重な	478
しんにゅう〈する〉	侵入〈する〉	1177
しんにゅうしゃいん	新入社員	671
しんにゅうせい	新入生	671
じんぶつ	人物	849
しんぶんはいたつ	新聞配達	275
しんぼう〈する〉	辛抱〈する〉	762
しんぼうづよい	辛抱強い	762
しんらい〈する〉	信頼〈する〉	740
しんりんかさい	森林火災	1219
じんるい	人類	977
しんわ	神話	867

す

ず	図	532
すいこむ	吸い込む	346
すいじ〈する〉	炊事〈する〉	311
すいじゅん	水準	1269
すいせん〈する〉	推薦〈する〉	504
すいせんじょう	推薦状	504
すいせんにゅうし	推薦入試	504
すいぶんぶそく	水分不足	1085
すいみんぶそく	睡眠不足	1085
ずうずうしい	図々しい	1342
すがすがしい	すがすがしい	1359
すききらい	好き嫌い	183
すきま	すき間	376
スキンケア	スキンケア	1143
すくなくとも	少なくとも	1221
ずけい	図形	532
すこやかな	健やかな	1053
すすぐ	すすぐ	344
スタイル	スタイル	812
すっと〈する〉	すっと〈する〉	1372
ステージ	ステージ	831
ステップ	ステップ	515
すでに	すでに	261
すな	砂	943
すなわち	すなわち	1526
すはだ	素肌	1141
スペース	スペース	241
すまい	住まい	395

すまない	すまない	1388
スムーズな	スムーズな	473
ずらっと	ずらっと	204
ずらり[と]	ずらり[と]	204
すると	すると	1523
すれちがう	すれ違う	284
すわりごこち	座り心地	381

せ

せい	せい	117
せいいっぱい	精一杯	648
せいか	成果	717
ぜいきん	税金	165
せいけつな	清潔な	1397
せいげん〈する〉	制限〈する〉	644
ぜいこみ	税込	165
せいざうらない	星座占い	900
せいさく	政策	1223
せいさん〈する〉	生産〈する〉	480
せいしつ	性質	1328
せいぜい	せいぜい	161
せいそう〈する〉	清掃〈する〉	339
ぜいたく〈な〉	贅沢〈な〉	1413
せいど	制度	1261
せいとう	政党	1225
せいねん	青年	1201
せいねんがっぴ	生年月日	414
せいひん	製品	690
せいぶつ	生物	974
せいべつふもん	性別不問	643
せいりつ〈する〉	成立〈する〉	1245
セールス	セールス	692
せおう	背負う	1011
せけん	世間	1272
せけんしらず	世間知らず	8
せだい	世代	22
せだいこうたい	世代交代	22
せっかち〈な〉	せっかち〈な〉	1435
せっきん〈する〉	接近〈する〉	941
せっすい〈する〉	節水〈する〉	1321
せっする	接する	69
せっせと	せっせと	175
せつぞく〈する〉	接続〈する〉	614
せってい〈する〉	設定〈する〉	618
せつでん〈する〉	節電〈する〉	1321
せっとく〈する〉	説得〈する〉	15
ぜつぼう〈する〉	絶望〈する〉	1381
ぜつぼうかん	絶望感	1381
ぜつぼうてきな	絶望的な	1381
せまる	迫る	572
せめて	せめて	655
せめる	責める	111
せめる	攻める	787
セリフ	セリフ	838
せんきょ〈する〉	選挙〈する〉	1235
せんきょけん	選挙権	1235
ぜんご	前後	469
せんしんこく	先進国	1294
センス	センス	809
せんたく〈する〉	選択〈する〉	562
せんたくし	選択肢	562
せんでん〈する〉	宣伝〈する〉	443
せんねん〈する〉	専念〈する〉	769
せんめんじょ	洗面所	143
せんれん〈する〉	洗練〈する〉	1405

そ

そうおん	騒音	1162
そうさ〈する〉	捜査〈する〉	1183
そうはいっても	そうはいっても	1536
そうりだいじん	総理大臣	1233
そえる	添える	322
ぞくしゅつ〈する〉	続出〈する〉	1163
ぞくする	属する	919

ぞくぞく[と]	続々[と]	833
そくてい〈する〉	測定〈する〉	1048
そくどせいげん	速度制限	644
そこ	底	972
そこで	そこで	1522
そざい	素材	341
そしき	組織	669
そだいごみ	粗大ごみ	351
ぞっと〈する〉	ぞっと〈する〉	156
そなえる	備える	942
そのうえ	その上	1528
そのけっか	その結果	1521
そのため	そのため	1521
そぼくな	素朴な	1334
そまつな	粗末な	209
そらす	そらす	85
それじゃ	それじゃ	1546
それで	それで	1521
それでは	それでは	1546
それでも	それでも	1534
それとも	それとも	1543
それなら	それなら	1546
それなり	それなり	1434
それに	それに	1528
それにしては	それにしては	1537
それにたいして	それに対して	1538
そればかりか	そればかりか	1529
そればかりでなく	そればかりでなく	1529
そわそわ[と]〈する〉	そわそわ[と]〈する〉	1370
そんちょう〈する〉	尊重〈する〉	14

た

だいいちしぼう	第一志望	634
たいおう〈する〉	対応〈する〉	650
たいき	大気	947
だいきぎょう	大企業	665
たいきん	大金	164
だいく	大工	727
たいくつ〈な/する〉	退屈〈な/する〉	848
たいけん〈する〉	体験〈する〉	1017
だいこうぶつ	大好物	184
だいしきゅう	大至急	724
たいした	大した	1075
たいしぼう	体脂肪	1152
たいしゃ〈する〉	退社〈する〉	660
たいしょう	大賞	856
だいしょう	大小	356
たいしょく〈する〉	退職〈する〉	753
たいしょくきん	退職金	753
たいしょくとどけ	退職届	753
だいじん	大臣	1233
たいせん〈する〉	対戦〈する〉	780
だいたんな	大胆な	1340
だいち	大地	964
たいちょう	体調	1072
だいとし	大都市	386
だいなし	台無し	126
たいはん	大半	31
だいひょう〈する〉	代表〈する〉	667
ダイビング	ダイビング	1042
たいりつ〈する〉	対立〈する〉	1166
たいりょく	体力	1051
たえず	絶えず	458
たえる	絶える	391
たえる	耐える	1101
だが	だが	1532
[お]たがい[に]	[お]互い[に]	79
たかくつく	高くつく	173
だから	だから	1521
たからくじ	宝くじ	906
たき	滝	968
ダサい	ダサい	810
たさいな	多彩な	890

だしいれ〈する〉	出し入れ〈する〉	172
たずさわる	携わる	636
ただ	ただ	1539
ただいま	ただ今	254
たたかう	戦う	780
ただし	ただし	1540
ただちに	ただちに	1289
ただの	ただの	1111
たちあげる	立ち上げる	767
たつじん	達人	894
たっする	達する	962
たっせい〈する〉	達成〈する〉	718
たてかえる	立て替える	179
たに	谷	967
たにん	他人	131
たにんどうし	他人同士	78
たのもしい	頼もしい	34
たば	束	366
たび	旅	1014
たびさき	旅先	1035
だぶだぶ〈な/する〉	だぶだぶ〈な/する〉	822
ダブる	ダブる	236
だます	だます	116
だまる	だまる	113
ためらう	ためらう	1386
たもつ	保つ	1144
たよりにする	頼りにする	33
たよりになる	頼りになる	33
たよる	頼る	33
だらしない	だらしない	1346
だらだら[と]〈する〉	だらだら[と]〈する〉	989
タレント	タレント	830
たんき〈な〉	短気〈な〉	1348
だんじょびょうどう	男女平等	1258
たんしんふにん〈する〉	単身赴任〈する〉	680
だんぜん	断然	1409
だんたいこうどう	団体行動	959
たんなる	単なる	1111
たんに	単に	1111
たんにん〈する〉	担任〈する〉	509
だんボール	段ボール	368
だんらく	段落	558
ち		
ちい	地位	729
ちえ	知恵	348
ちかう	誓う	101
ちかぢか	近々	256
ちかづく	近づく	422
ちかづける	近づける	422
ちかよる	近寄る	1180
ちきゅうおんだんか	地球温暖化	1316
ちぎる	ちぎる	315
ちく	地区	396
ちくねんすう	築年数	158
ちじ	知事	410
ちたい	地帯	397
ちぢまる	縮まる	1181
ちぢむ	縮む	1181
ちぢめる	縮める	1181
ちほうとし	地方都市	386
ちゃくちゃく[と]	着々[と]	758
ちゃくりく〈する〉	着陸〈する〉	1029
チャレンジ〈する〉	チャレンジ〈する〉	553
ちゅうかん	中間	398
ちゅうけい〈する〉	中継〈する〉	1287
ちゅうこく〈する〉	忠告〈する〉	734
ちゅうじつな	忠実な	870
ちゅうしょうきぎょう	中小企業	665
ちゅうしょうてきな	抽象的な	1092
ちゅうせい	中世	868
ちゅうせん〈する〉	抽選〈する〉	401
ちゅうだん〈する〉	中断〈する〉	790

ちゅうとはんぱ〈な〉	中途半端〈な〉	1429
ちゅうねん	中年	1201
ちょうか〈する〉	超過〈する〉	1028
ちょうさ〈する〉	調査〈する〉	1318
ちょうせつ〈する〉	調節〈する〉	301
ちょうせん〈する〉	挑戦〈する〉	553
ちょうちょう	町長	410
ちょくご	直後	958
ちょくせつ	直接	68
ちょくせん	直線	470
ちょくぜん	直前	958
ちょしゃ	著者	860
ちょっかん	直感	570
チラシ	チラシ	229
ちらっと	ちらっと	86
ちらりと	ちらりと	86
ちんたい	賃貸	133
ちんたいじゅうたく	賃貸住宅	133

つ

ついてる	ついてる	1366
つういん〈する〉	通院〈する〉	1077
つうこう〈する〉	通行〈する〉	456
つうこうきんし	通行禁止	456
つうこうどめ	通行止め	456
つうこうにん	通行人	457
つうじょう	通常	508
つうよう〈する〉	通用〈する〉	803
つかまる	つかまる	462
つかむ	つかむ	435
つかれぎみ	疲れ気味	1103
つぎつぎと	次々と	458
つきひ	月日	245
つく	就く	698
つぐ	継ぐ	23
つくす	尽くす	1126
つくづく[と]	つくづく[と]	4

つげる	告げる	1134
つっこむ	突っ込む	1006
つとめる	努める	178
つぶ	粒	240
つぶやく	つぶやく	93
つまさき	つま先	1060
つまずく	つまずく	1119
つまり	つまり	1526
つまる	詰まる	1100
つめる	詰める	1100
つや	つや	1151
つゆ	梅雨	916
つゆあけ	梅雨明け	916
つゆいり	梅雨入り	916
つよき〈な〉	強気〈な〉	1378
つらい	つらい	1376
つりあう	つり合う	80
つる	つる	379
つるす	つるす	379

て

てあて	手当て	1125
ていあん〈する〉	提案〈する〉	493
ていか〈する〉	低下〈する〉	1149
ていきてきな	定期的な	1049
ていきょう〈する〉	提供〈する〉	430
ていけつあつ	低血圧	1050
ていこう〈する〉	抵抗〈する〉	17
ていし〈する〉	停止〈する〉	153
ディスプレイ	ディスプレイ	613
ていせい〈する〉	訂正〈する〉	1288
ていちゃく〈する〉	定着〈する〉	1278
ていど	程度	1093
ていねんたいしょく〈する〉	定年退職〈する〉	753
ていれ〈する〉	手入れ〈する〉	1142
てがあく	手が空く	1485

てがかかる	手がかかる	1486
てがき	手書き	607
てがはなせない	手が離せない	1487
てがふさがる	手がふさがる	1484
てき	敵	796
てきかくな	的確な	733
できごと	出来事	1047
てきどな	適度な	1082
てきぱき[と]〈する〉	てきぱき[と]〈する〉	279
てきよう〈する〉	適用〈する〉	1124
テクニック	テクニック	804
てくび	手首	1058
でこぼこ〈な/する〉	でこぼこ〈な/する〉	1433
てごろな	手頃な	212
てじな	手品	899
てじゅん	手順	725
てすうりょう	手数料	171
てそううらない	手相占い	900
てっきり	てっきり	64
てづくり	手作り	332
てつや〈する〉	徹夜〈する〉	536
てにいれる	手に入れる	1488
てにする	手にする	1489
てにつかない	手につかない	1490
てにはいる	手に入る	1488
では	では	1546
てはい〈する〉	手配〈する〉	1024
デフレ	デフレ	1263
てまえ	手前	148
デモ〈する〉	デモ〈する〉	1252
てりょうり	手料理	332
テロ	テロ	1310
てをかす	手を貸す	1492
てをつける	手をつける	1491
てをぬく	手を抜く	1494
てをやすめる	手を休める	1493

てんかい〈する〉	展開〈する〉	851
でんき	伝記	865
てんきん〈する〉	転勤〈する〉	679
てんけいてきな	典型的な	1351
てんけん〈する〉	点検〈する〉	152
てんけんちゅう	点検中	152
てんこう	天候	912
でんごん〈する〉	伝言〈する〉	705
てんさい	天災	963
てんじかい	展示会	1002
てんしょく〈する〉	転職〈する〉	754
でんせん〈する〉	伝染〈する〉	1112
でんせんびょう	伝染病	1112
てんそう〈する〉	転送〈する〉	616
でんとう	伝統	902
でんとうてきな	伝統的な	902
てんねん	天然	978
てんねんガス	天然ガス	978
てんねんしぜん	天然自然	978
テンポ	テンポ	852
てんらんかい	展覧会	1002

と

というのは	というのは	1525
というのも	というのも	1525
といっても	といっても	1536
とうあんようし	答案用紙	560
とういつ〈する〉	統一〈する〉	820
とういつかん	統一感	820
どうか	どうか	1511
どうき	同期	73
どうき	動機	640
どうし	同士	78
とうじつ	当日	571
どうしても	どうしても	1513
どうせ	どうせ	1514
どうにか	どうにか	1512

とうめいな	透明な	971
どうやら	どうやら	1515
どうような	同様な	1414
とかい	都会	386
とくぎ	特技	645
とくさん	特産	224
とくしゅ〈な〉	特殊〈な〉	775
どくしょか	読書家	883
とくせい	特製	208
どくりつ〈する〉	独立〈する〉	757
とけこむ	溶け込む	765
ところが	ところが	1533
ところで	ところで	1544
とし	都市	386
とち	土地	388
とちがら	土地柄	1327
とっさ[に]	とっさ[に]	63
どっと	どっと	994
とても(〜ない)	とても(〜ない)	1517
ととのう	整う	287
ととのえる	整える	287
どなる	怒鳴る	120
とにかく	とにかく	1516
とびだす	飛び出す	1197
とびまわる	飛び回る	983
とぶ	飛ぶ	1029
とぼしい	乏しい	1428
とまどい	戸惑い	1385
とまどう	戸惑う	1385
ともかく	ともかく	1516
ともだちづきあい	友達付き合い	53
ともだちどうし	友達同士	78
ともなう	伴う	1110
とりあえず	とりあえず	1516
とりあげる	取り上げる	517
とりあつかう	取り扱う	226
とりいれる	取り入れる	801
とりくみ	取り組み	585
とりくむ	取り組む	585
とりしまり	取り締まり	1202
とりしまる	取り締まる	1202
とりのぞく	取り除く	340
とりひき〈する〉	取り引き〈する〉	712
とりひきさき	取引先	712
とりもどす	取り戻す	1087
どりょく〈する〉	努力〈する〉	178
どりょくか	努力家	883
[お]とりよせ〈する〉	[お]取り寄せ〈する〉	225
とりよせる	取り寄せる	225
トレイ	トレイ	201
トレーナー	トレーナー	799
(ボタンが)とれる	(ボタンが)取れる	827
どろ	泥	347
どろだらけ	泥だらけ	347
どろんこ	泥んこ	347
とわない	問わない	643
とんでもない	とんでもない	1419

な

ないこうてきな	内向的な	1331
ないてい〈する〉	内定〈する〉	657
なお	なお	1541
なおいっそう	なおいっそう	1518
なか	仲	28
ながし	流し	314
ながしだい	流し台	314
ながす	流す	1216
なかまはずれ	仲間外れ	129
なかみ	中身	377
ながめ	眺め	1009
ながめる	眺める	1008
なかよし	仲良し	28
ながれる	流れる	1216

なく	鳴く	984
なぐさめる	なぐさめる	39
なぐる	殴る	121
なさけない	情けない	1392
なじむ	なじむ	512
なぜか	なぜか	1507
なぜかというと	なぜかというと	1524
なぜなら	なぜなら	1524
なだらかな	なだらかな	471
なっとく〈する〉	納得〈する〉	16
ななめ〈な〉	斜め〈な〉	400
ななめうしろ	斜め後ろ	400
なにかと	何かと	1505
なにげない	何気ない	42
なにしろ	何しろ	1509
なま	生	206
なまぐさい	生臭い	355
なまちゅうけい〈する〉	生中継〈する〉	1287
なまビール	生ビール	206
なまもの	なま物	207
なまやさい	生野菜	206
なめる	なめる	326
ならいごと	習い事	884
なれなれしい	なれなれしい	1341
なんだか	何だか	1508
なんだかんだ	何だかんだ	1506
なんども	何度も	290
なんとも（〜ない）	何とも（〜ない）	1510

に

ニーズ	ニーズ	1274
にえる	煮える	317
にくらしい	憎らしい	1415
にしむき	西向き	149
にちじ	日時	246
ニックネーム	ニックネーム	30
にっこう	日光	979
にっこうよく〈する〉	日光浴〈する〉	979
にっちゅう	日中	252
にってい	日程	246
になう	担う	451
(それ)にもかかわらず	(それ)にもかかわらず	1535
にやにや〈する〉	にやにや〈する〉	1432
にゅうがくがんしょ	入学願書	503
にゅうしゃ〈する〉	入社〈する〉	660
にゅうせいひん	乳製品	272
にらむ	にらむ	114
にわかあめ	にわか雨	922
にわかな	にわかな	922
にんげん	人間	977
にんしき〈する〉	認識〈する〉	522
にんしきぶそく	認識不足	522
にんしん〈する〉	妊娠〈する〉	24
にんずうせいげん	人数制限	644
にんぷ	妊婦	24

ぬ

ぬく	抜く	1218
ぬくもり	温もり	150
ぬける	抜ける	1218
ぬの	布	823

ね

ねおき	寝起き	308
ねごこち	寝心地	1074
ねごと	寝言	1067
ねじる	ねじる	1105
ねじれる	ねじれる	1105
ねつい	熱意	641
ねつき	寝つき	308
ねったい	熱帯	918
ねっちゅう〈する〉	熱中〈する〉	888
ねっちゅうしょう	熱中症	1117
ネット	ネット	345
ネットワーク	ネットワーク	67

ねばりづよい	ねばり強い	1344
ねびき〈する〉	値引き〈する〉	213
ねらう	狙う	505
ねんかん	年間	249
ねんきん	年金	417
ねんげつ	年月	244
ねんしゅう	年収	159
ねんじゅう	年中	250
ねんだい	年代	248
ねんど	年度	424
ねんどまつ	年度末	424
ねんのため	念のため	1076
ねんれいふもん	年齢不問	643

の

のうか	農家	483
のうぎょう	農業	485
のがす	逃す	772
のせる	載せる	442
のぞく	除く	545
のぞく	のぞく	1178
のぞましい	望ましい	652
のちほど	後ほど	255
のばす	延ばす	1232
のびのび〈する〉	のびのび〈する〉	990
のびる	延びる	1232
のべる	述べる	564
のぼる	昇る	980
のり	乗り	1353
のりこえる	乗り越える	1065
のりごこち	乗り心地	381
のる	載る	442
のろい	のろい	475
のろのろ〈な/する〉	のろのろ〈な/する〉	475

は

ハードトレーニング	ハードトレーニング	802
ハードな	ハードな	802
ばいうぜんせん	梅雨前線	916
バイキング	バイキング	200
はいけい	背景	872
はいたつ〈する〉	配達〈する〉	275
はいはい〈する〉	はいはい〈する〉	285
はいふ〈する〉	配布〈する〉	427
はいふする	配付する	427
はいりょ〈する〉	配慮〈する〉	1137
はう	はう	285
はえる	生える	497
[お]はか	[お]墓	1005
はがす	はがす	365
ばかにする	ばかにする	109
ばかばかしい	ばかばかしい	847
[お]はかまいり〈する〉	[お]墓参り〈する〉	1005
ばからしい	ばからしい	847
はきそうじ	掃き掃除	339
はきはき〈する〉	はきはき〈する〉	1396
ばくだいな	ばく大な	1239
ばくはつ〈する〉	爆発〈する〉	1217
はげます	励ます	37
はけんがいしゃ	派遣会社	672
はけんしゃいん	派遣社員	672
はさむ	挟む	323
はじ	恥	1393
はずれる	外れる	907
はだ	肌	1141
パターン	パターン	555
はたして	果たして	875
はたす	果たす	694
パック〈する〉	パック〈する〉	231
はつげん〈する〉	発言〈する〉	1229
はっこう〈する〉	発行〈する〉	881
はっせい〈する〉	発生〈する〉	1195
はっそう〈する〉	発想〈する〉	876
ばったり	ばったり	1003

はってんとじょうこく	発展途上国	1294
はつばい〈する〉	発売〈する〉	228
はつめい〈する〉	発明〈する〉	588
はつめいか	発明家	588
はなして	話し手	861
はなたば	花束	366
はなむこ	花むこ	102
はなやかな	華やかな	818
はなよめ	花嫁	102
はなれる	離れる	434
はねる	はねる	1171
はまべ	浜辺	970
ばめん	場面	850
はらいこむ	払い込む	169
はらがたつ	腹が立つ	1499
ばらす	ばらす	123
はらはら〈する〉	はらはら〈する〉	1004
はらをかかえる	腹を抱える	1500
はりきる	張り切る	1368
はりつける	貼り付ける	624
はるか〈な〉	はるか〈な〉	440
はれる	はれる	1107
はんい	範囲	554
はんえい〈する〉	反映〈する〉	1255
パンク〈する〉	パンク〈する〉	477
はんざい	犯罪	1172
はんせい〈する〉	反省〈する〉	18
はんせいかい	反省会	18
はんだん〈する〉	判断〈する〉	1207
はんのう〈する〉	反応〈する〉	1113
はんばい〈する〉	販売〈する〉	210
はんめん	反面	1355
はんろん〈する〉	反論〈する〉	743

ひ

ヒーロー	ヒーロー	863
ひえこみ	冷え込み	928
ひえこむ	冷え込む	928
ひかく〈する〉	比較〈する〉	1308
ひかくてき	比較的	1308
ひかげ	日陰	981
ひがしむき	東向き	149
ひきうける	引き受ける	715
ひきおとし	引き落とし	170
ひきおとす	引き落とす	170
ひきかえす	引き返す	1031
ひきこもる	引きこもる	992
ひきとめる	引き止める	774
ひきょう〈な〉	ひきょう〈な〉	1349
ひきょうもの	ひきょう者	1349
ひきわける	引き分ける	782
ひげき	悲劇	1311
ひざし	日差し	931
ひさしい	久しい	49
ひさしぶり	久しぶり	49
ビジネス	ビジネス	697
ビジネスマン	ビジネスマン	697
びしょぬれ	びしょぬれ	924
びしょびしょな	びしょびしょな	924
ひっかかる	引っ掛かる	372
ひっかける	引っ掛ける	372
ひっしな	必死な	573
ひっしゃ	筆者	860
ひっそり[と]する	ひっそり[と]する	985
ひてい〈する〉	否定〈する〉	1298
ひとがら	人柄	1327
ひとくち	一口	188
ひとたび	ひとたび	190
ひとで	人手	684
ひとでぶそく	人手不足	684
ひとどおり	人通り	390
ひとまず	ひとまず	957
ひとみしり〈する〉	人見知り〈する〉	1338

ひとめ	人目	816
ひとりぐらし	一人暮らし	132
ひとりごと	独り言	305
ひとりずまい	一人住まい	132
ひとりたび	一人旅	1014
ひなた	日なた	981
ひなん〈する〉	避難〈する〉	402
ひなん〈する〉	非難〈する〉	1250
ひなんばしょ	避難場所	402
ひぼんな	非凡な	1422
ひまん〈する〉	肥満〈する〉	1153
ひやひや〈する〉	ひやひや〈する〉	1004
ビュッフェ	ビュッフェ	200
ひょうか〈する〉	評価〈する〉	854
ひょうじ〈する〉	表示〈する〉	342
ひょうじかかく	表示価格	342
びょうどう〈な〉	平等〈な〉	1258
ひょうばん	評判	853
ひょっとすると	ひょっとすると	87
ひより	日和	930
ひらしゃいん	平社員	752
ビルかさい	ビル火災	1219
ヒロイン	ヒロイン	863
ひろう〈する〉	疲労〈する〉	1070
ひろびろ[と]〈する〉	広々[と]〈する〉	1407
ひん	品	1406
びん	便	1026
ひんかく	品格	1406
ひんしつ	品質	221

ふ

ファミリー	ファミリー	1
ファミリーレストラン	ファミリーレストラン	195
ファミレス	ファミレス	195
ふあんていな	不安定な	182
ふうけい	風景	1040
ブーム	ブーム	896
フォント	フォント	620
ふかけつな	不可欠な	495
ふかのう〈な〉	不可能〈な〉	548
ぶかぶか〈な/する〉	ぶかぶか〈な/する〉	822
ふきそうじ	拭き掃除	339
ふきゅう〈する〉	普及〈する〉	487
ふきょう	不況	1262
ふきん	付近	394
ふくさよう	副作用	1130
ふくし	福祉	423
ふくすう	複数	551
ふくむ	含む	167
ふくめる	含める	167
ふくらます	ふくらます	915
ふくらむ	ふくらむ	915
ふけいき〈な〉	不景気〈な〉	1262
ふけつな	不潔な	1397
ふこう〈な〉	不幸〈な〉	1367
ふこうへい〈な〉	不公平〈な〉	654
ふざける	ふざける	48
ふさわしい	ふさわしい	521
ふしょう〈する〉	負傷〈する〉	1115
ふしょうしゃ	負傷者	1115
ふじん	夫人	750
ふじん	婦人	750
ふせい〈な〉	不正〈な〉	1240
ふそく〈する〉	不足〈する〉	1085
ぶたい	舞台	831
ふたご	双子	359
ふたん〈する〉	負担〈する〉	1123
ふちょう〈な〉	不調〈な〉	1071
ふっこう〈する〉	復興〈する〉	1259
ふとりぎみ	太り気味	1103
ぶなんな	無難な	1421
ふにん〈する〉	赴任〈する〉	680
ふねんごみ	不燃ごみ	349

ふびょうどう〈な〉	不平等〈な〉	1258
ふぶき	吹雪	926
ふへい	不平	760
ふへいふまん	不平不満	760
ふめい〈な〉	不明〈な〉	1211
ふもん	不問	643
ふようひん	不用品	364
フライト	フライト	1026
プライド	プライド	1350
プライバシー	プライバシー	1277
ふらふら〈な/する〉	ふらふら〈な/する〉	1095
プラン	プラン	1021
フリー〈な〉	フリー〈な〉	759
フリーサイズ	フリーサイズ	821
フリーダイヤル	フリーダイヤル	759
ふりかえる	振り返る	58
ふりこむ	振り込む	169
プリンター	プリンター	631
プリントアウト〈する〉	プリントアウト〈する〉	630
フルコース	フルコース	196
ふるざっし	古雑誌	352
ふるしんぶん	古新聞	352
フレッシュな	フレッシュな	271
フレンドリーな	フレンドリーな	1341
プロジェクト	プロジェクト	708
プロジェクトチーム	プロジェクトチーム	708
プロセス	プロセス	516
ふろば	風呂場	306
プロポーズ〈する〉	プロポーズ〈する〉	100
ふわふわ〈な/する〉	ふわふわ〈な/する〉	1408
ぶんしょ	文書	617
ぶんせき〈する〉	分析〈する〉	589
ぶんべつ〈する〉	分別〈する〉	353
ぶんめい	文明	869
ぶんめいてきな	文明的な	869
ぶんや	分野	584
ぶんるい〈する〉	分類〈する〉	343

へ

ペア	ペア	76
ヘアケア	ヘアケア	1143
へいかい〈する〉	閉会〈する〉	789
へいかいしき	閉会式	789
へいきんじゅみょう	平均寿命	1056
へいしゃ	弊社	638
へいぼんな	平凡な	1422
べつに(〜ない)	別に(〜ない)	1394
ベテラン	ベテラン	751
ヘルパー	ヘルパー	21
べんきょうか	勉強家	883
べんきょうぶそく	勉強不足	1085
へんきん〈する〉	返金〈する〉	216
へんさい〈する〉	返済〈する〉	181
へんしゅう〈する〉	編集〈する〉	602
へんしゅうしゃ	編集者	602
ペンネーム	ペンネーム	862
べんぴ〈する〉	便秘〈する〉	1102
へんぴん〈する〉	返品〈する〉	215

ほ

ほうえい〈する〉	放映〈する〉	1161
ぼうけん〈する〉	冒険〈する〉	1018
ぼうし〈する〉	防止〈する〉	1203
ほうしん	方針	688
ほうそう〈する〉	包装〈する〉	232
ほうそく	法則	534
ほうっておく	放っておく	19
ぼうっと〈する〉	ぼうっと〈する〉	1094
ほうどう〈する〉	報道〈する〉	1286
ほうどうばんぐみ	報道番組	1286
ぼうはん	防犯	155
ぼうはんカメラ	防犯カメラ	155
ぼうはんベル	防犯ベル	155
ほうめん	方面	453

ぼうりょく	暴力	1175
ボート	ボート	1000
ホームヘルパー	ホームヘルパー	21
ほきゅう〈する〉	補給〈する〉	1084
ぼきん〈する〉	募金〈する〉	1257
ほこうしゃ	歩行者	457
ほこり	誇り	441
ほこる	誇る	441
ポジティブな	ポジティブな	1364
ぼち	墓地	1005
ほどく	ほどく	367
ほぼ	ほぼ	291
ほりゅう〈する〉	保留〈する〉	720
ボリューム	ボリューム	187
ぼろぼろな	ぼろぼろな	1426
ほんかくてきな	本格的な	893
ほんたい	本体	611
ほんねん	本年	251
ほんの	ほんの	591
ほんばん	本番	571
ほんみょう	本名	862
ぼんやり〈する〉	ぼんやり〈する〉	1094
ほんらい	本来	940

ま

ま	間	280
マイナンバー	マイナンバー	1276
マイブーム	マイブーム	896
マイホーム	マイホーム	139
まえむき	前向き	1364
まえもって	前もって	1025
まかせる	任せる	714
まぎらわしい	紛らわしい	568
まける	まける	213
まける	負ける	786
まごまご〈する〉	まごまご〈する〉	1430
まさに	まさに	380
マジシャン	マジシャン	899
マジック	マジック	899
ます	増す	1268
マスコミ	マスコミ	1283
マスコミュニケーション	マスコミュニケーション	1283
また	また	1531
またぐ	またぐ	950
または	または	1542
まち	街	385
マッサージ〈する〉	マッサージ〈する〉	1133
まどり	間取り	145
まなぶ	学ぶ	524
まねく	招く	70
まもなく	間もなく	1032
まもる	守る	1326
まんいち	万一	960
まんぞく〈な/する〉	満足〈な/する〉	761

み

みあわせる	見合わせる	464
みおくる	見送る	771
みかけ	見かけ	815
みかた	味方	796
みかた	見方	1300
みきき〈する〉	見聞き〈する〉	1019
みぐるしい	見苦しい	1424
みごとな	見事な	1411
みじめな	みじめな	1375
みしらぬ	見知らぬ	1179
みしらぬまち	見知らぬ町	1179
みずから	自ら	1187
みだし	見出し	276
みだす	乱す	465
みため	見た目	815
みだれる	乱れる	465
みぢか〈な〉	身近〈な〉	911

みっともない	みっともない	1423
みつめあう	見つめ合う	84
みつめる	見つめる	84
みとめる	認める	696
みなみむき	南向き	149
みならい	見習い	35
みならう	見習う	35
みなれる	見慣れる	445
みにくい	みにくい	1425
みにつける	身につける	808
みのがす	見逃す	1208
みのまわり	身の回り	776
みぶん	身分	729
みぶんしょうめいしょ	身分証明書	413
みまわり	見回り	404
みまわる	見回る	404
みみがいたい	耳が痛い	1470
みみがとおい	耳が遠い	1471
みみにする	耳にする	1472
みみをうたがう	耳を疑う	1474
みみをかたむける	耳を傾ける	1473
みわたす	見渡す	1007
みんかん	民間	668

む

むいしき〈な〉	無意識〈な〉	1096
むき	向き	1329
むきあう	向き合う	3
むく	向く	1329
むくち〈な〉	無口〈な〉	1337
むげん〈な〉	無限〈な〉	1320
むげんだい〈な〉	無限大〈な〉	1320
むじゃき〈な〉	無邪気〈な〉	1335
むじゅん〈する〉	矛盾〈する〉	1431
むしろ	むしろ	81
むすびつく	結びつく	62
むすびつける	結びつける	62
むすぶ	結ぶ	367
むねがいたむ	胸が痛む	1452
むねがいっぱいになる	胸が一杯になる	1453
むねをはずませる	胸をはずませる	1454
むりやり	無理やり	1182

め

め	芽	976
めいかくな	明確な	604
めいさく	名作	859
めいさん	名産	224
めいしょ	名所	1037
めいしょめぐり	名所巡り	1020
めいじん	名人	894
めいぶつ	名物	224
めいめい	めいめい	1045
めいわくこうい	迷惑行為	118
めうえ	目上	730
めがない	目がない	1461
めがはなせない	目が離せない	1462
めがまわる	目が回る	1463
めぐまれる	恵まれる	32
めぐる	巡る	1020
めした	目下	730
めっきり	めっきり	937
メッセージ	メッセージ	310
メディア	メディア	1284
めでたい	めでたい	1365
めにうかぶ	目に浮かぶ	1464
めにする	目にする	1465
めにつく	目に付く	1466
めやす	目安	1129
めりはり	めりはり	289
めをうたがう	目を疑う	1467
めをとおす	目を通す	1469
めをむける	目を向ける	1468
めん	綿	824

めんきょ	免許	468
めんきょしょう	免許証	468
めんぜいてん	免税店	1039
めんぜいひん	免税品	1039
めんせき	面積	1325

も

もうしわけない	申し訳ない	1387
もくげき〈する〉	目撃〈する〉	1206
もくげきしゃ	目撃者	1206
もくぞうけんちく	木造建築	420
もくてきち	目的地	452
もくひょう	目標	581
もぐる	もぐる	1042
もしかしたら	もしかしたら	87
もしかして	もしかして	87
もしかすると	もしかすると	87
もたらす	もたらす	953
もたれる	もたれる	270
もちあげる	持ち上げる	373
もちいる	用いる	606
もちぬし	持ち主	1189
もちもの	持ち物	807
もっとも	もっとも	1540
もっともな	もっともな	1400
[お]もてなし	[お]もてなし	333
もてなす	もてなす	333
もと	元	336
もともと	もともと	336
モニター	モニター	685
ものおき	物置	144
ものおと	物音	154
ものごと	物事	1354
ものたりない	物足りない	186
ものほし	物干し	296
ものほしざお	物干しざお	296
もむ	もむ	1133

もめごと	もめ事	1214
もめる	もめる	1214
もらす	もらす	334
もりあがる	盛り上がる	46
もれる	もれる	334
もんく	文句	874
もんだいしゅう	問題集	528
もんだいようし	問題用紙	560

や

やがて	やがて	258
やかん	夜間	253
やくいん	役員	674
やくしゃ	役者	836
やくす	訳す	601
やくひん	薬品	1127
やくひんがいしゃ	薬品会社	1127
やくめ	役目	6
やけい	夜景	1040
やしなう	養う	5
やすくすむ	安く済む	173
やせぎみ	やせ気味	1103
やつ	やつ	130
やっかい〈な〉	やっかい〈な〉	1418
やっつける	やっつける	785
やとう	野党	1225
やね	屋根	142
やぶる	破る	784
やぶれる	敗れる	786
やむ	病む	1114
やむをえず	やむを得ず	766
やめる	辞める	753
やや	やや	1073
やりがい	やりがい	700
やりなおす	やり直す	721
やるき	やる気	745

	ゆ	
ゆいいつ	唯一	1404
ゆううつ〈な〉	ゆううつ〈な〉	1374
ゆうきゅう	有休	681
ゆうきゅうきゅうか	有給休暇	681
ゆうしゅうな	優秀な	519
ゆうじん	友人	27
ゆうじんたち	友人達	27
ユーターン〈する〉	Uターン〈する〉	449
ゆうだち	夕立	921
ゆうやけ	夕焼け	982
ゆかた	浴衣	828
ゆきかえり	行き帰り	454
ゆきき〈する〉	行き来〈する〉	450
ゆきさき	行き先	452
ゆくえ	行方	1209
ゆくえふめい	行方不明	1211
ゆたかな	豊かな	1428
ゆっくり〈する〉	ゆっくり〈する〉	987
ゆったり[と]〈する〉	ゆったり[と]〈する〉	302
ユニークな	ユニークな	1403
ゆらい〈する〉	由来〈する〉	877
ゆるす	許す	95

	よ	
よあけ	夜明け	268
ようき	容器	330
ようき〈な〉	陽気〈な〉	929
ようきゅう〈する〉	要求〈する〉	1251
ようし	用紙	560
ようし	要旨	603
ようじん〈する〉	用心〈する〉	309
ようじんぶかい	用心深い	309
ようするに	要するに	1526
ようそ	要素	1244
ようてん	要点	603
ようと	用途	431
ようやく	ようやく	1194
ようりょう	要領	1352
よき〈する〉	予期〈する〉	1215
よきせぬ	予期せぬ	1215
よくばり〈な〉	欲張り〈な〉	1343
よくばる	欲張る	1343
よけい[に]	余計[に]	1131
よけいな	余計な	1132
よす	よす	237
よそく〈する〉	予測〈する〉	1266
よそよそしい	よそよそしい	1341
よとう	与党	1225
よはく	余白	619
よびかける	呼びかける	1271
よびだす	呼び出す	45
よびとめる	呼び止める	57
よふかし〈する〉	夜更かし〈する〉	536
よぶんな	余分な	329
よぼう〈する〉	予防〈する〉	1083
よぼうちゅうしゃ〈する〉	予防注射〈する〉	1083
よみて	読み手	861
よゆう	余裕	1013
より	より	1518
よりみち〈する〉	寄り道〈する〉	292
よわき〈な〉	弱気〈な〉	1378

	ら	
らくがき〈する〉	落書き〈する〉	407
ラッキーな	ラッキーな	1366
ランキング	ランキング	798
らんぼう〈な/する〉	乱暴〈な/する〉	1174

	り	
リクエスト〈する〉	リクエスト〈する〉	313
リスク	リスク	500
リスト	リスト	371
リストアップ〈する〉	リストアップ〈する〉	371
リストラ〈する〉	リストラ〈する〉	756

リズム	リズム	841
リニューアル〈する〉	リニューアル〈する〉	421
リハビリ	リハビリ	1140
リハビリテーション	リハビリテーション	1140
リフレッシュ〈する〉	リフレッシュ〈する〉	1360
りょうかい〈する〉	了解〈する〉	1275
りょうしょう〈する〉	了承〈する〉	1275
りょうりつ〈する〉	両立〈する〉	1279
りりく〈する〉	離陸〈する〉	1029

る

ルーズな	ルーズな	1347
ルール	ルール	137

れ

れいきん	礼金	134
れいせいな	冷静な	1399
レジャー	レジャー	1015
レンズ	レンズ	905
れんそう〈する〉	連想〈する〉	879
レントゲン	レントゲン	1078
れんらくしゅだん	連絡手段	459

ろ

ろうどうしゃ	労働者	670
ローン	ローン	136
ろくな(～ない)	ろくな(～ない)	288
ろくに(～ない)	ろくに(～ない)	288
ロッカー	ロッカー	419
ロマン	ロマン	864
ロマンティスト	ロマンティスト	864
ロマンティックな	ロマンティックな	864
ろんじる	論じる	599
ろんりてきな	論理的な	598

わ

わがくに	我が国	140
わがまち	我が町	140
わかもの	若者	448
わがや	我が家	140
わかわかしい	若々しい	1402
ワクチン	ワクチン	1088
わくわく〈する〉	わくわく〈する〉	1369
わざ	技	804
わずか[な/に]	わずか[な/に]	597
わずらわしい	わずらわしい	1383
わびる	わびる	744
わりあい[に]	わりあい[に]	235
わりと	わりと	238
われわれ	我々	689
ワンパターン	ワンパターン	555

<저자> 아크아카데미
1986년 창립. ARC 그룹교로서 ARC 도쿄일본어학교, 아크아카데미 신주쿠교, 오사카교, 교토교, 베트남교가 있다. 일본어교사양성과의 졸업생도 1만명을 넘어, 일본어를 통하여 사회공헌할 수 있는 인재육성을 목표로 하고 있다.

감수 엔도 유미코
와세다대학대학원 일본어교육연구과 석사과정 수료
아크아카데미 신주쿠교 교장

집필 야마다 미쓰코
릿쿄대학문학부 교육학과 졸업
ARC 도쿄일본어학교 강사

협력 세키 리키
ARC 도쿄일본어학교 전임강사

합격필승 일본어능력시험 N2 단어장 2500

발　　행　　일 : 2020년 12월 01일(초판)
저　　　　　자 : 아크아카데미
발　　행　　인 : 송부영
발　　행　　처 : (주)해외교육사업단
출　판　등　록 : 제16-1456호
주　　　　　소 : 서울특별시 서초구 강남대로 381, (두산709호)
전　　　　　화 : 02-736-1010
이　　메　　일 : song@hed.co.kr
홈　페　이　지 : www.hedgroup.co.kr

*이 책은 저작권법에 의해 보호를 받는 저작물이므로 무단 전재와 복제를 금합니다.
*잘못된 책은 구입하신 서점이나 본사에서 교환해드립니다.
ⓒARC ACADEMY Japanese Language School 2016
Originally Published in Japan by Ask Publishing Co., Ltd., Tokyo